Farbberatung für den Garten

W0408776

Modeste Herwig

Farbberatung für den Garten

Praktische Beispiele & Pflanzpläne für herrliche Beete

Übersetzung: Marlies Ferber

Bassermann

MIX
Papier aus verantwortungsvollen Quellen
FSC® C021956

Verlagsgruppe Random House FSC®-DEU-0100
Das für dieses Buch verwendete FSC®-zertifizierte Papier Profimatt
liefert Sappi, Ehingen.

ISBN 978-3-8094-2996-8

© der deutschen Erstausgabe 2012 by Bassermann Verlag, einem Unternehmen
der Verlagsgruppe Random House GmbH, 81673 München

© der niederländischen Originalausgabe:
© 2010 Uitgeverij Unieboek Het Spectrum, The Netherlands
Fotos: © 2010 Modeste Herwig, außer dem Foto auf Seite 91: Anneke Beemer
Originaltitel: Beplantingsplannen

Die Verwertung der Texte und Bilder, auch auszugsweise, ist ohne Zustimmung
des Verlags urheberrechtswidrig und strafbar. Dies gilt auch für Vervielfältigungen,
Übersetzungen, Mikroverfilmung und für die Verarbeitung mit elektronischen Systemen.

Umschlaggestaltung und Satz: Atelier Versen, Bad Aibling
Projektleitung: Herta Winkler
Übersetzung: Marlies Ferber, Hagen
Redaktion: Nina Andres, München
Herstellung: Sonja Storz

Die Ratschläge/Informationen in diesem Buch sind von Autorin und Verlag sorgfältig
erwogen und geprüft, dennoch kann eine Garantie nicht übernommen werden. Eine Haftung
der Autorin bzw. des Verlags und seiner Beauftragten für Personen-, Sach- und
Vermögensschäden ist ausgeschlossen.

Druck und Bindung: Alcione, Lavis
Printed in Italy

817 2635 4453 6271

INHALT

EINLEITUNG

Entwerfen

Wer sich Gedanken über die Gestaltung seines Gartens macht, wünscht sich eine optimale Aufteilung aller Elemente, wie Terrassen, Wege, Rasenflächen und Bepflanzung. In diesem Buch finden Sie zahlreiche Bepflanzungspläne zum Nachmachen oder als Inspiration. Zunächst lohnt es sich aber zu schauen, worauf man beim Entwerfen und Anlegen der Bepflanzung achten sollte.

Beim Entwerfen einer Neubepflanzung werden zunächst die Form und die Lage des zu bepflanzenden Bereichs, des Beetes oder der Rabatte bestimmt. In welchen Teil des Gartens kommen die Pflanzen? Planen Sie ein Hochbeet, Bereiche, die durch Buxbaumhecken abgesetzt sind, einen schmalen Streifen im Vorgarten begrünen oder nur eine klassische Rabatte? Die Form eines Pflanzbereichs kann von lang und schmal bis hin zu rechteckig, quadratisch und sogar rund variieren.

Die Rabatte

Oft werden verschiedene reich blühende Stauden in einer Rabatte miteinander kombiniert. Bei einer klassischen Rabatte handelt es sich um einen schmalen, rechteckigen Bepflanzungsstreifen, der nach hinten durch eine Mauer oder eine niedrige Hecke begrenzt wird und vorne an einen Zierrasen anschließt. Die Bepflanzung wird von niedrig nach hoch angelegt, damit alle Pflanzen gut zu sehen sind. Meist sind die Rabatten entlang der Gartengrenzen angelegt, mit einer Rasenfläche in der Mitte. Die Bepflanzung kann auch durch Pflasterung oder Wasser begrenzt, erhöht oder als Insel inmitten einer Rasenfläche angelegt werden. Wenn die Rabatte zu beiden Seiten hin durch Rasen oder Pflasterung begrenzt wird, ist sie von zwei Seiten aus gut zu sehen.

Wenn ausreichend Platz vorhanden ist, kann man eine doppelte Rabatte mit einem Pfad hindurch planen.

Neben der Formgebung und Lage im Garten bestimmen auch die Abmessungen der Rabatte den späteren Effekt. Eine klassische Rabatte muss mindestens 2 Meter tief sein, um eine Reihe von Pflanzen hintereinander anpflanzen zu können. Die Bepflanzungspläne in diesem Buch können übrigens einfach durch Verdopplung der Pflanzanzahl beliebig vergrößert werden.

DER RICHTIGE PLATZ

Der richtige Platz für eine Rabatte oder ein Beet ergibt sich in vielen Gärten von selbst. Manche Gärten bieten leider nicht allzu viele verschiedene Gestaltungsmöglichkeiten. Doch zuweilen lässt man sich durch eine vorgefundene Gestaltung zu sehr beeinflussen, wie einen schmalen Pflanzenstreifen neben dem Rasen. Oder durch das Idealbild einer klassischen Garteneinteilung. Erwägen Sie aber unbedingt auch alternative Orte für eine Bepflanzung.

Sonne und Schatten

Wenn Sie Farben lieben, ist ein sonniger Standort für Ihre Blumen wichtig. Viele Blühpflanzen benötigen nun einmal viel Sonnenlicht, um gut wachsen, gedeihen und später auch üppig blühen zu können. Das gilt unter anderen für reich blühende Sträucher wie Rosen, aber auch für Stauden, viele Zwiebel- und fast alle einjährigen Pflanzen. Sicher kann man auch im Schatten eine schöne Bepflanzung anlegen, wobei Frühlingsblüher und Blattpflanzen aber die Hauptrollen spielen sollten.

Der Boden

Bevor man die Pflanzen aussuchen kann, muss der Boden geprüft werden. Ist er nährstoffarm oder -reich, ist er nass und lehmig oder eher trocken und sandig? Handelt es sich um kalkreichen Boden oder ist er eher sauer? Sie können sich später viel Arbeit und Enttäuschungen ersparen, wenn Sie von vornherein die Auswahl der Pflanzen den bestehenden Bodenverhältnissen anpassen. Selbstverständlich können Sie den Boden beispielsweise mit Kompost oder organischem Dünger verbessern.

Einen Gartenplan machen

Machen Sie zuerst einen Plan von Ihrem Gartens. Meist ist es nützlich, vom Haus aus mit dem Abmessen anzufangen. Setzen Sie von der Hausfassade aus jeden Meter einen kleinen Pfahl in den Boden. Danach können Sie rechtwinklig Linien abmessen, auch wieder meterweise hintereinander. Übertragen Sie danach das Quadratmeterraster auf Millimeterpapier. Ein guter Maßstab ist 1:50 (2 cm auf dem Papier entsprechen 1 m im Garten), für etwas kleinere Rabatten empfiehlt sich der Maßstab 1:20 (5 cm auf dem Papier entsprechen 1 m im Garten).

PFLANZEN WÄHLEN

Wenn Sie die Größe, die Form und den richtigen Standort für die Bepflanzung bestimmt haben, können Sie sich an die Auswahl der Pflanzen machen. Beim Besuch einer Gärtnerei oder eines Gartenzentrums werden viele Impulskäufe getätigt: Pflanzen, die im Moment schön aussehen, wandern in den Einkaufswagen. Wer aber eine wirklich gelungene Blumenrabatte anlegen will, sollte sich unbedingt zuerst einen Plan machen und die Pflanzen bewusst wählen.

BEPFLANZUNG PLANEN

Schritt 1 *Legen Sie die Farben der Pflanzen fest.*

Schritt 2 *Zeichnen Sie einen maßstabsgetreuen Gartenplan.*

Schritt 3 *Bestimmen Sie, wie viel Licht die Pflanzen bekommen werden. Mindestens 5 Stunden pro Tag im Sommer bedeutet volle Sonne, 3–5 Stunden Sonnenlicht täglich bedeutet Halbschatten und weniger als 3 Stunden täglich oder längere Zeit gefiltertes Licht bedeutet Schatten.*

Schritt 4 *Legen Sie fest, in welcher Zeit die meisten Pflanzen blühen sollen.*

Schritt 5 *Machen Sie eine Liste von geeigneten Pflanzen für Ihren Plan. Achten Sie dabei auf Farbe, Form, Blütezeit, Höhe und Breite, Lichtbedürfnis der Pflanze und ihre Ansprüche an den Boden. Alle Angaben zu den verschiedenen Pflanzen finden Sie in der Tabelle auf den Seiten 136–141.*

Schritt 6 *Verteilen Sie die Pflanzen im Raum, zeichnen Sie alles im Gartenplan ein und bestimmen Sie die jeweilige Anzahl der Pflanzen.*

Schritt 7 *Im Frühjahr oder Herbst können Sie mit dem Einpflanzen beginnen.*

Blütezeit

Wenn Sie blühende Pflanzen miteinander kombinieren wollen, sollten Sie deren Blütezeit kennen. Sie können sich bewusst für unterschiedliche Blütezeiten entscheiden, um die Blütezeit insgesamt länger auszudehnen, so dass die Rabatte von April bis September farbig ist. Oder Sie wählen zwei Blühperioden. So kann die Rabatte beispielsweise im Frühjahr in einer gelb-violetten Farbkombination erstrahlen und im Sommer rosarot bis violett leuchten. Berücksichtigen Sie auch die Dauer der Blühperiode.

Form und Farbe

Sorgen Sie auch für etwas Abwechslung, was die Formen angeht, indem Sie beispielsweise flache Doldenblütler mit schlanken Hochblütlern kombinieren, oder indem Sie grasartige Blattformen neben große, runde Blattformen setzen. Ein schönes Blatt ist ebenfalls wichtig, denn die meisten Pflanzen blühen nur einige Wochen. Auf den folgenden Seiten gibt es noch weitere Informationen zur Farbe. Weitere Punkte, auf die man bei der Auswahl achten sollte: Winterhärte, Erhältlichkeit, Duft, Silhouette im Winter, Schmetterlingspflanze/Bienenpflanze, schöne Samenkapseln, buntes Blatt, wintergrün.

Höhe und Breite

Damit Sie eine Pflanze gut einplanen können, müssen Sie ihre Höhe und Breite kennen. Hohe Pflanzen werden gewöhnlich nach hinten gesetzt, aber man kann sie auch aus einer niedrigen Bepflanzung aufragen lassen. Die Breite ist wichtig für die Bestimmung des Pflanzenabstands. In der Tabelle hinten im Buch finden Sie Angaben zur benötigten Anzahl der jeweiligen Pflanzen je Quadratmeter.

Ansprüche der Pflanze

Zuletzt sind da noch die Bedürfnisse der Pflanze – sehr wichtig. Steht eine Pflanze an einem Ort, der ihren Bedürfnissen nicht entgegenkommt, entwickelt sie sich nicht gut, und Sie haben wenig Freude an ihr. Beachten Sie darum immer, welche Ansprüche die Pflanze an Licht und Boden stellt.

FARBGESTALTUNG

Ein Farbkreis gibt eine Übersicht über die Ordnung der Farben und bietet damit Orientierung beim Arbeiten mit Farben im Garten. Im Farbkreis enthalten sind die Primärfarben Gelb, Magenta und Zyanblau mit den Mischfarben Rot (Gelb und Magenta), Violett (Magenta und Zyanblau) und Grün (Zyanblau und Gelb) dazwischen.

Warme und kalte Farben

Rechts im Farbkreis befinden sich die warmen Farben (Grüngelb bis Rotpink), links die kalten Farben (Lila bis Grün). Magenta und Grün befinden sich im Gleichgewicht, sie sind weder warm noch kalt. Warme Farben sind ausdrucksstark und fallen sehr auf. Kalte Farben sind viel bescheidener, ruhig und subtil. Warme Farben wirken heller im Vergleich mit kälteren Farben. Ein helles Objekt wirkt größer als ein dunkles Objekt und erscheint dadurch auch dem Auge des Betrachters näher. Warme Farben kommen dem Betrachter entgegen, während dunklere Farben genau die gegenteilige Wirkung haben, sie scheinen nach hinten zu weichen und suggerieren Tiefe.

Komplementärfarben

Die Farben, die sich im Farbkreis gegenüber stehen, werden Komplementärfarben genannt: Gelb und Violett, reines Rot und Zyanblau, Magenta und Grün. Diese Farben befinden sich miteinander im Gleichgewicht. Komplementärfarben verstärken einander wechselseitig, wenn sie nebeneinander stehen. Für den Garten ist beispielsweise die Kombination (Grün)Gelb und (Violett)Blau sehr schön.

Farbschemata

Grob gesagt gibt es zwei Sorten von Farbschemata: harmonisch oder kontrastierend. Harmonische Kombinationen vermitteln Ruhe, sie sind leicht zusammenzustellen, indem Farben gewählt werden, die im Farbkreis nah beieinander liegen. Beim kontrastierenden Farbschema werden im Gegensatz dazu nur Farben verwendet, die weiter auseinander liegen. Kontrastierende Farbkombinationen reizen die Sinne und fordern Aufmerksamkeit. Wenn man darüber hinaus helle und dunkle Farben, kalte und warme Farben oder Komplementärfarben nebeneinander setzt, kann man die Komposition noch interessanter machen. Tipp: Binden Sie zum Test erst einmal einen Blumenstrauß mit den Farben, die Sie für Ihre Gartengestaltung im Sinn haben.

ANLAGE UND UNTERHALT

Wenn der Entwurf für die Rabatte fertig ist, können Sie mit dem Anlegen beginnen. Das Anlegen bedeutet nicht nur das Pflanzen, sondern natürlich auch die vorherige Bearbeitung des Bodens, damit optimale Ergebnisse erzielt werden. Im Folgenden sorgt ein gute Pflege dafür, dass die Bepflanzung jahrelang schön bleibt.

ANLAGE

Pflanzen kaufen

Auf der Einkaufsliste stehen die benötigten Pflanzen mit Mengenangaben. Kaufen Sie stets gekennzeichnete Pflanzen in einer guten Gärtnerei, sowohl der Familienname als auch die Sorte und eventuell Raszüchtung müssen benannt sein, beispielsweise *Achillea millefolium*, Fanal'. So ist sichergestellt, dass die Pflanze gut blühen wird, und Sie können auch davon ausgehen, dass Sie die richtige Blütenfarbe hat.

Einpfanzen

Eine gute Zeit, um eine Rabatte oder ein Beet zu bepflanzen, ist der Herbst (September/Oktober). Der Vorteil ist, dass die Pflanzen noch vor dem Winter anwurzeln, so dass es im folgenden Jahr schon gute Ergebnisse gibt. Blumenzwiebeln pflanzen Sie jetzt gemeinsam mit den anderen Pflanzen ein. Der Frühling (April) ist ebenfalls eine gute Zeit zum Pflanzen. Dies ist auch die Zeit, einjährige Pflanzen in die Rabatte zu setzen.

Wählen Sie einen nicht zu warmen, bewölkten Tag und eine Periode, in der die Erde recht feucht ist. Nun können alle Pflanzen Ihrem Gartenplan entsprechend ausgesetzt werden. Bei großen Rabatten kann es schwierig sein, den richtigen Platz für jede Pflanze zu bestimmen, ein paar Stöcke, die mit dem Rasterplan des Gartenentwurfs korrespondieren, können Ihnen dabei helfen. Lassen Sie die Pflanzen noch in den Töpfen, bis alles gut verteilt ist. Achten Sie beim Aussetzen gut auf den Abstand der Pflanzen untereinander. Nun können Sie mit dem Einpflanzen beginnen. Das Pflanzloch sollte zweimal so groß sein wie der Wurzelballen, und der Boden muss gut gelockert sein, auch unterhalb des Lochs. Lockern Sie die Wurzeln des Wurzelballens sehr vorsichtig und setzen Sie die Pflanze in der richtigen Tiefe in das Loch, füllen Sie die ausgegrabene Erde ringsum ein und drücken Sie sie kräftig an. Ist es sehr trocken, sollten Sie in der nächsten Zeit unbedingt wässern.

Frühjahrsputz

Im Herbst muss nicht viel an der Bepflanzung getan werden, das Abdecken mit abgefallenen Blättern reicht meist aus. Büschel, die zu groß geworden sind, können Sie in Stücke teilen, pflanzen Sie nur einen kleinen Teil zurück. Bringen Sie frostempfindliche Pflanzen zum Überwintern an einen frostsicheren Ort. Der Frühling ist die Zeit für einen großen Frühjahrsputz. Schneiden Sie alle abgestorbenen Teile der beständigen Pflanzen nun ab. Abhängig vom Wetter kann dies im März oder April passieren. Entfernen Sie dabei gleich auch das Unkraut.

Stützen und Schneiden

Wenn Rabattenpflanzen auf die richtige Weise gestützt und rechtzeitig zurückgeschnitten werden, ist die Rabatte länger schön anzusehen. Eine unauffällige Weise, um die Pflanzen zu stützen, ist der Einsatz von Reisig im Frühling. Das gut verzweigte Reisigholz kann rund um die Stauden gesteckt werden und so für extra Unterstützung sorgen. Schneiden Sie im Sommer verblühte Stängel regelmäßig zurück. Viele Pflanzen blühen noch einmal, wenn sie direkt nach der ersten Blüte zurückgeschnitten werden.

Boden

Für ein gutes Ergebnis ist natürlich auch der Boden wichtig. Der Grund muss recht aufgelockert sein, Humus enthalten (Kompost und anderes organisches Material) und fruchtbar genug sein. Vor allem reich blühende Rabattenpflanzen und Rosen werden nur in fruchtbarem Boden gute »Leistung« bringen. Geeignete Düngemittel sind gut zersetzter Stallmist (enthält auch viel Humus) oder eine organische Düngermischung. Sie können Stallmist oder organischen Dünger im Winter oder im frühen Frühling über dem Boden ausbreiten und ein wenig einarbeiten. Angaben zur richtigen Menge finden Sie auf der Verpackung. Ist der Sommer trocken, müssen Sie auch häufig gießen.

In diesem besonderen Küchengarten wurden auf recht kleiner Fläche viele Gemüsepflanzen, Früchte und Kräuter gezogen. Dank der deutlichen Struktur mit erhöhten Pflanzfeldern bleibt der Küchengarten übersichtlich, und es ist alles gut in Schuss zu halten. Die Beet-Abgrenzungen aus Weidengeflecht sind auch noch sehr dekorativ.

KÜCHENGARTEN

Der Küchengarten wirft etwas für die Küche ab, ist aber auch sehr dekorativ. Es wachsen allerlei schöne Gemüsepflanzen darin, aber auch Kräuter, Früchte und Schnittblumen. Die meisten Kräuter eignen sich sehr gut für einen Küchengarten, sie sind über die ganze Wachstumssaison hinweg dekorativ, man kann sie regelmäßig daraus ernten, und sie duften auch noch verlockend. Die vorderste Reihe von fünf Feldern ist mit Kräutern bepflanzt. Gewählt wurden: Rosmarin, Fenchel mit einem Rand aus Schnittlauch, Petersilie, Pfefferminze, Liebstöckel (Maggiekraut) mit einem Rand aus Thymian und Salbei. Weiter hinten im Garten stehen auch noch Zitronen-Eisenkraut, Majoran, Dill und Borretsch. Ganz vorn ein langer, schmaler Rand mit Lavendel.

Dekorative und leicht zu züchtende Gemüsepflanzen, die gut in einen Küchengarten passen, sind Kopfsalat, Mangold, Zucchini, Möhren, Artischocken, Rhabarber und Prunkbohnen. Der Plan zeigt nur einen Teil des Gartens. Dieser Entwurf ist für einen etwas kleineren Garten geeignet. Allerdings muss der Ort für ein gutes Ergebnis recht sonnig sein.

Tipp

Doppelt ernten

Nach der ersten Ernte können Sie häufig noch eine zweite Gemüsesorte ziehen. Nach Saubohnen beispielsweise Endivien oder nach Spinat Buschbohnen. Oder pflanzen Sie in einem Feld mit einer langsam wachsenden Pflanze wie Zucchini zeitig im Frühjahr zuerst noch Kopfsalat. Wenn die Zucchini reifen, ist der Kopfsalat schon geerntet. Eine gute Idee sind auch Spaliere für Obst oder Gemüse entlang der Gartengrenzen oder an einer Mauer.

4

10

3

2

8

1

5

Pflanzenliste

1 Dicke Bohnen, Vicia faba (10 x)
2 Pflücksalat-Mischung, *Lactuca sativa* 'Misticanza' (Samenmischung)
3 Artischocke, *Cynara cardunculus* (1 x)
4 Kirsch-Cocktailtomaten, Lycopersicon lycopersicum 'Gardener's Delight' (4 x)
5 Petersilie, *Petroselinum crispum* (12 x)
6 Schnittlauch, *Allium schoenophrasum* (12 x)
7 Pfefferminze, *Mentha x piperita* (9 x)
8 Liebstöckel, *Levisticum officinale* (1 x)
9 Echter Thymian, *Thymus vulgaris* (12 x)
10 Lavendelblättriger Salbei, *Salvia lavandulifolia* (10 x)

Entwurf: Del Buono Gazerwitz
Abmessungen: Jedes Pflanzfeld ist 1 x 1 Meter groß

Dieser Frühlingsgarten voller Tulpen, Zierlauch und anderen Frühblühern ist prächtig im Mai, aber durch die Mischung mit Stauden und Zwiebelpflanzen bietet er den ganzen Sommer über viel Farbe.

FRÜHLINGS-GARTEN

Blumenzwiebeln bilden eine herausragende Ergänzung zu den Stauden in diesem Frühlingsgarten. Die Basis der Bepflanzung besteht aus reich blühenden Stauden und aromatischen Kräutern mit schönem Blatt. Zwiebelgewächse sind in der Rabatte jedoch am auffälligsten. Die großen Kugelblüten des Zierlauchs und spät blühende Tulpen in prächtigen Farben sind hier ein echter Blickfang. Da sie in recht kompakten Gruppen gesetzt wurden, abwechselnd mit neutralem Blatt, wird der Blick stets wieder von einem anderen Teil der Bepflanzung angezogen, weil so viel zu entdecken gibt.

Es wurden auffallende, helle Farben der Farbpalette verwendet, wodurch die Rabatte sehr lebendig wirkt. Dennoch ist die Kombination sehr harmonisch. Es wurden viele Kontraste von Hell und Dunkel verwendet, ein wenig Cremeweiß der Tulpen und die Prairielilien sorgen für den stärksten Kontrast. Ein Bett aus sanft getönten Blättern bildet die Basis dieser Rabatte.

Tipp

Zierlauch

Die großen, farbigen Blüten von Zierlauch und Tulpen sind sehr wirkungsvoll, und die ganze Pflanze nimmt wenig Raum ein. Im Sommer verschwindet das Blatt der Zwiebelpflanzen langsam unter den Stauden. Pflanzen Sie Blumenzwiebeln im Herbst zwischen die Stauden, Tulpen müssen jeden Herbst neu gepflanzt werden. Sie können auch im Frühjahr Blumenzwiebeln im Topf kaufen, um sie in die Rabatte zu pflanzen.

③ ⑤

11

5

7

9

Pflanzenliste

1 Tulpe, *Tulipa* (Viridiflora-Gruppe) 'Spring Green' (8x)
2 Zierlauch, *Allium atropurpureum* (5 x)
3 Zierlauch, *Allium* 'Globemaster' (3 x)
4 Tulpe, *Tulipa* (Triumph-Gruppe) 'Topkapi' (8 x)
5 Rote Spornblume, *Centranthus ruber* (3 x)
6 Beifuß, *Artemisia* 'Powis Castle' (3 x)
7 Lavendel, *Lavandula angustifolia* (3 x)
8 Gemeiner Fenchel, *Foeniculum vulgare* 'Giant Bronze' (3 x)
9 Bartlilie, *Iris* (Germanica-Gruppe), Sunday Pinch« (3 x)
10 Prarielilie, *Camassia leichtlinii* 'Alba' (3 x)
11 Quendel, *Thymus serpyllum* (3 x)

Entwurf: J. Mc. Kelvey und J. Wise
Abmessungen: 3 x 1,5 Meter

Diese doppelten Rabatten mit einem Graspfad in der Mitte werden auch Spiegelrabatten genannt: Die Bepflanzung ist an beiden Seiten etwa gleich. Ein prächtiges Beispiel einer klassischen englischen Rabatte, das ich bei Bramdean House in England entdeckte.

SPIEGEL-RABATTEN

Für diese Spiegelrabatten wurden klassische Rabattenpflanzen wie Rittersporn, Phlox, Sonnenbraut und Gelbe Kamille gewählt. Aber es gibt auch Überraschendes zu entdecken wie die verfeinerten Züchtungen von Telekia, Bartfaden (Penstemon) und Storchschnabel (Geranium). Es wurden viele Pflanzen mit lockerem Wuchs und kleinen Blüten eingesetzt, und so ist hier eine natürlich wirkende, moderne Bepflanzung entstanden. Die violettblaue Katzenminze spielt eine wichtige Rolle. Diese Pflanze bildet eine ruhige Basis, wiederholt sich immer wieder entlang der Ränder und erhält so eine verbindende Funktion. Die anderen Blütenfarben passen gut zu ihrem ruhigen Violettblau. Hier kann man ganz klar von einer, Themenpflanze' sprechen. Dasselbe gilt für die hohe Wiesenraute (*Thalictrum*), die im Hintergrund für eine helle grüngelbe Färbung sorgt. Wiederholung ist also ein wichtiges Element für den Erfolg solcher Rabatten.

Das Farbschema ist recht bunt: Gelb, Violett und ab und zu etwas Orange und Rot. Das (beinahe) komplementäre Farbenpaar Gelb und Violett sind die vorherrschenden Farben, die hervorragend zueinander passen und sich wechselseitig verstärken. Rot und Orange sorgen für auffällige Akzente. Dank vieler Pflanzen mit langer Blühdauer ist diese Rabatte von Ende Mai bis tief in den Herbst hinein wunderschön anzusehen.

Tipp

Warme und kalte Farben

Warme Farben kommen dem Auge des Betrachters entgegen, während kalte Farben weiter entfernt erscheinen. Wenn man diesen Effekt nutzen möchte, sollte man vor allem dicht beim Haus mehr warme Farben verwenden und weiter hinten etwas kühlere Töne in Violett-Blau, was die Rabatte optisch in die Länge zieht. Die kleine Tür des Gartenhauses im Hintergrund ist denn auch bewusst hellblau gestrichen, so dass sie weiter entfernt erscheint. So kann eine Sichtachse im Garten durch geschickte Farbgebung visuell gestreckt werden.

2

11

10

5

9

1

7

4

Pflanzenliste

1 Wald-Geißbart, *Aruncus dioicus* 'Glasnevin' (2 x)
2 Gelbe Wiesenraute, *Thalictrum flavum ssp. glaucum* (2 x)
3 Sonnenbraut, Helenium 'Kupfersprudel' (3 x)
4 Große Telekie, *Telekia speciosa* (1 x)
5 Sibirische Katzenminze, *Nepeta sibirica* (3 x)
6 Wiesen-Storchschnabel, *Geranium pratense* 'Plenum Violaceum' (3 x)
7 Stauden-Clematis, *Clematis durandii* (3 x, entlang Kletterelement)
8 Färberkamille, *Anthemis x hybrida* 'E .C. Buxton' (1 x)
9 Dreimasterblume, *Tradescantia* (Andersoniana-Gruppe) 'Leonora' (2 x)
10 Taglilie, *Hemerocallis* 'Corky' (2 x)
11 Großblütige Katzenminze, *Nepeta grandiflora* 'Bramdean' (2 x)

Lage: Bramdean House/Großbritannien
Abmessungen: 2,5 x 2,5 Meter

Diese überwältigende Bepflanzung zieht mit Sicherheit viele bewundernde Blicke auf sich. Eine gewagte Farbkombination aus Hellrot, zartem Orange und dunklem Grauviolett, besonders geeignet für einen kleinen Garten.

ROTER GARTEN

Der Entwurf besteht aus einer großzügigen Terrasse in der Mitte, einer Lattenterrasse mit einem kleinen, erhöhten Teich, einer langen, schmalen Rabatte und einem Graspfad. In diesem Garten lässt es sich herrlich verweilen und entspannen, sei es allein oder mit Familie und Freunden. Auf der etwas erhöht angelegten Holzterrasse ist Platz für wetterbeständige Sitzsäcke. An die Terrasse schließt sich der kleine, erhöhte Teich an, zur Farbgestaltung des Gartens passend in leuchtend rotem Polyester verkleidet. Der Belag des zur Terrasse führenden Pfades besteht aus unregelmäßig gesägten, verwittert-strohfarbenen Schieferplatten. Eine efeubewachsene Drahtgeflecht-Wand sorgt für einen ruhigen, immergrünen Hintergrund. Pflanzen spielen eine wichtige Rolle in dem Entwurf, und die schmale Rabatte rund um die Terrasse ist so aufgebaut, dass die Bepflanzung von beiden Seiten schön anzusehen ist.

Reich blühende Pflanzen wurden abwechselnd mit Blattpflanzen eingesetzt. Das expressive Orange der Achillea und das warme Rot von Dahlia und *Crocosmia* kommen zwischen den dunkelgetönten Blättern gut zur Geltung. Das Ziergras Stipa kontrastiert schön mit seinen hellen Rispen und sorgt für eine natürliche Anmutung. Die Bepflanzung ist für einen sehr sonnigen Platz und einen recht trockenen, gut drainierten Boden geeignet.

Tipp

Rot kombinieren

Das warme Rot ist eine sehr auffallende Farbe, und inmitten von hellgrünem Blattwerk ist der Kontrast ziemlich stark. Dunkles, violett getöntes Blattwerk eignet sich sehr gut, um das grelle Rot etwas »zu löschen«. Wählen Sie für eine rote Rabatte am besten verschiedene Rottöne, um für genügend Abwechslung zu sorgen. Doch Achtung bei Rosarot, denn das beißt sich leicht mit den übrigen Rottönen. Als kräftige Elemente im Garten sind Grautöne schön.

7

5

3

11

4

Pflanzenliste

1 Rotes Purpurglöckchen, *Heuchera micrantha* 'Palace Purple' (3 x)
2. Federgras, *Stipa tenuissima* (9 x)
3. Sonnenbraut, *Helenium* 'Moerheim Beauty' (3 x)
4 Samt-Scabiose, *Scabiosa atropurpurea* 'Ace of Spades' (6 x)
5 Garten-Montbretie, *Crocosmia x crocosmiiflora* 'Lucifer' (7 x)
6 Schokoladen-Kosmee, *Cosmos atrosanguineus* (4 x)
7 Dahlie, *Dahlia* 'Bishop of Llandaff' (2 x)
8 Japanisches Blutgras, *Imperata cylindrica* 'Red Baron' (2 x)
9 Schafgarbe, *Achillea* 'Walther Funcke' (4 x)
10 Schafgarbe, *Achillea millefolium* 'Red Velvet' (4 x)
11 Purpur-Fetthenne, *Sedum* 'Purple Emperor' (3 x)

Entwurf: Lee Belgrau
Abmessung: 4 x 1 Meter

Das Entree zu den *Gardens of the Rose* ist spektakulär: Ein langer Pfad, der zu beiden Seiten mit reich blühenden Kletterrosen begrenzt wird, führt an Pfählen und Schnüren vorbei. Jeder, der hier entlang geht, ist von den prächtigen Farben und herrlichen Düften überwältigt.

KLETTERPFLANZEN

Bei jedem Pfahl ist eine andere schöne Kombination von einer Kletterrose und einer *Clematis* zu sehen, einmal in Pastellfarben, ein anderes Mal in auffallendem Rot und Violett. Die Konstruktion von Pfählen und dazwischen gespannten Schnüren macht sich gut entlang eines Gartenweges, hinter einer Rabatte oder einer Auffahrt und nimmt eigentlich nicht besonders viel Raum ein. Mit solch einer Konstruktion gehen Sie mehr in die Höhe des Gartens. Auf dem schmalen Streifen unter der Kletterpflanzenkonstruktion wächst hier die Wickelwurze (*Bergenia*). Das große Blatt ist wintergrün und die Pflanze blüht sehr lang, ist also eine ausgezeichnete Wahl. Auch andere Langblüher wie Lavendel und Katzenminze oder Einjährige wie das Mauer-Gänseblümchen (*Erigeron karvinskianus*) eignen sich gut.

In einem Streifen von einem halben Meter Breite und sechs Metern Länge können drei Pfähle und sechs Kletterpflanzen gesetzt werden. Für ein gutes Ergebnis ist es wichtig, für fruchtbaren Boden zu sorgen. Graben Sie vor dem Pflanzen bei jedem Pfahl ein geräumiges Pflanzloch von mindestens 50 x 50 x 50 cm aus und verbessern Sie den ausgegrabenen Boden mit Kompost, organischem Dünger oder gedüngter Gartenerde. Helfen Sie den Kletterpflanzen zu Beginn beim Klettern, schlagen Sie beispielsweise einige Nägel oder spezielle Binder für Kletterpflanzen in den Pfahl. Wenn die Zweige einmal oben sind, können sie auch entlang der Schnüre festgebunden werden. Eine prima Pflanzzeit ist der Oktober.

Tipp

Dauerblühende Rosen

Für spektakuläre Kombinationen im Sommer sind dauerblühende Kletterrosen und spätblühende Clematis am besten geeignet. Sie blühen gleichzeitig, ab Mitte Juni, und beide Kletterer produzieren (in bescheidenerem Ausmaß) auch danach Blüten bis in den Herbst hinein. Es ist natürlich auch möglich, eine frühblühende Waldrebe zu wählen wie die ***Clematis macropetala****, die schon im April blüht. Nach der Blüte erscheinen dekorative Büschel, die gut zu einer im Sommer blühenden Rose passen.*

Beschneiden

Kletterpflanzen sind Schnellwachser, die regelmäßig im Zaum gehalten werden müssen. Bei den Kletterrosen empfiehlt es sich, einige Zweige lang wachsen zu lassen, damit sie an den Pfählen und Schnüren entlang geleitet werden können. Schneiden Sie im Winter alle Seitenzweige zurück bis auf zwei Augen. Wenn im Sommer lange Triebe entstehen, können Sie noch einmal schneiden. Bei den *Clematis* sind zwei Gruppen zu unterscheiden: Frühblüher (Blüte vor Mitte Juni) werden nur nach der Blüte leicht zurückgeschnitten. Die Spätblüher (Blüte nach Mitte Juni) können Sie im April bis auf 50 cm über dem Boden abschneiden. Es ist ratsam, für die Pfähle Hartholz (mit FSC-Kennzeichnung oder europäisches Hartholz wie Lärche) zu verwenden. Die Schnüre können Sie mit Metallklemmen befestigen. Wählen Sie für diese Konstruktion immer einen sonnigen Ort, vor allem die Kletterrosen benötigen viel Sonne und Wärme.

11

9

7

Pflanzenliste

1 Wickelwurze, *Bergenia* 'Morgenröte' (30 x)
2 Kletterrose, *Rosa* 'Penny Lane' (1 x)
3 Waldrebe, *Clematis* (Jackmanii-Gruppe) 'Hagley Hybrid' (1 x)
4 Kletterrose, *Rosa* 'Raymond Chenault' (1 x)
5 Waldrebe, *Clematis* (Jackmanii-Gruppe) 'Perle d'Azur' (1 x)
6 Kletterrose, *Rosa* 'Pink Perpétué' (1 x)
7 Waldrebe, *Clematis* (Jackmanii-Gruppe) 'Star of India' (1 x)
8 Kletterrose, *Rosa* 'Dance du Feu'(1 x)
9 Waldrebe, *Clematis macropetala* 'Maidwell Hall'(1 x)
10 Kletterrose, *Rosa* 'Della Balfour' (1 x)
11 Waldrebe, *Clematis* 'Laura Denny' (1 x)

Lage: Gardens of the Rose, Großbritannien
Abmessung: 0,5 x 6 Meter

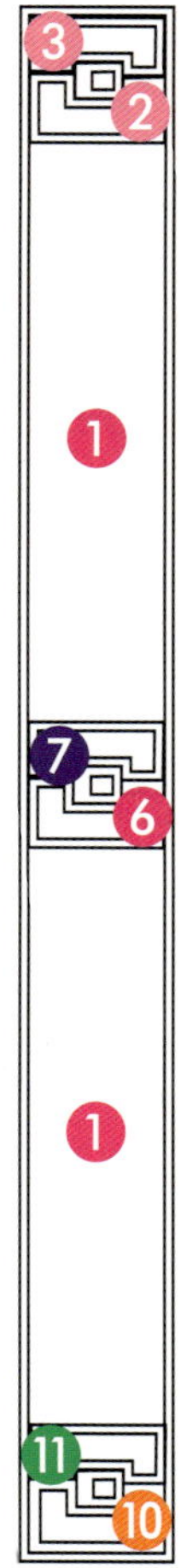

Bei der Chelsea Flower Show in London sah ich diesen reizenden Schattengarten des bekannten englischen Gartenarchitekten Tom Stuart-Smith. In der Rabatte stehen kräftige Exemplare des Asiatischen Blüten-Hartriegels, die für viel Schatten sorgen. Waldpflanzen mit weißen und violettblauen Blüten gedeihen prima unter diesen großen Sträuchern. Eine besondere Bepflanzung für einen schattenreichen Flecken.

SCHATTENGARTEN

Weiß ist eine sehr geeignete »Farbe« für einen schattenreichen Ort, es sorgt für Aufhellung und einen frischen Effekt. Violettblau passt hervorragend dazu, und das ergänzende Grüngelb kommt von den winzigen Blüten der Falschen Alraunenwurzel, *Tellima grandiflora*.

Die gewählten Pflanzen sind zum größten Teil ursprünglich im Wald beheimatet. Sie blühen im Frühling und nutzen die Tatsache aus, dass die Bäume dann erst beginnen auszuschlagen und noch viel Licht bis auf den Waldboden fällt. Eine Schattenrabatte wird deshalb im Frühling am schönsten sein, meist im April-Mai. Im Sommer gibt es nicht mehr so viele Blüten, aber wenn man Pflanzen mit dekorativem Blatt wählt, ist das kein Problem. In diesem Garten werden die Blätter der Ziergräser, des Tränenden Herzens und des Braunen Storchschnabels sicher den ganzen Sommer hindurch für einen schönen Anblick sorgen. Ich persönlich würde die Bepflanzung noch durch frühlingsblühende Zwiebelgewächse wie Narzissen, Waldhyazinthen und blaue Traubenhyazinthen ergänzen. Eine solch natürlich wirkende Bepflanzung unter Bäumen oder Sträuchern sorgt mit Sicherheit für eine sehr lockere Atmosphäre, und man fühlt sich wie bei einem Waldspaziergang.

Tipp

Trockenen Boden behandeln

Wenn Sie eine Rabatte im Schatten oder Halbschatten anlegen möchten, ist es wichtig, dafür die richtigen Pflanzen auszuwählen. Aber vergessen Sie auch den Boden nicht. Schatten ist meist nicht der ärgste Bösewicht; viel gefährlicher unter Bäumen und an Nordwänden ist der trockene Boden. Um die Trockenheit zu bekämpfen, sollte der Boden so gut wie möglich bedeckt werden. Das kann durch eine Lage Mulch aus Laub, Holzschnitzen, Rinde oder Kompost geschehen. Auch bodendeckende Pflanzen schützen den Boden. Fügen Sie dem Boden so viel Humus (beispielsweise Kompost) wie möglich zu, er funktioniert dann noch besser wie ein Schwamm und hält mehr Wasser und Nährstoffe fest. Mit Hilfe eines einfachen Wassersprengers, der den Boden befeuchtet, kann die Liste der geeigneten Pflanzen erfreulich erweitert werden, so dass Sie auch im Schatten eine Bepflanzung anlegen können, die jeden Betrachter in seinen Bann zieht.

8

1

2

4

3

5

6

7

10

9

11

Pflanzenliste

1 Waldphlox, *Phlox divaricata* 'Chattahoochee' (10 x)

2 Niedriges Tränendes Herz, *Dicentra formosa* 'Alba' (10 x)

3 Fingerhut, *Digitalis purpurea* 'Alba' (15 x)

4 Falsche Alraunenwurzel, *Tellima grandiflora* (6 x)

5 Rasen-Schmiele, *Deschampsia cespitosa* (3 x)

6 Storchschnabel, *Geranium phaeum* 'Album' (5 x)

7 Akeleiblättrige Wiesenraute, *Thalictrum aquilegifolium* (3 x)

8 Akelei, *Aquilegia alpina* (6 x)

9 Pfingstrose, *Paeonia* 'White Wings' (1 x)

10 Storchschnabel, *Geranium clarkei* 'Kashmir White' (3 x)

11 Storchschnabel, *Geranium* 'Philippe Vapelle' (5 x)

Entwurf: Tom Stuart-Smith
Abmessung: 2,5 x 2,5 Meter

In diesen doppelten Rabatten voller Farbe wachsen zwischen den Stauden verschiedene Sorten Kräuter. Heikie Hoeksma kombiniert in diesem Kräutergarten seine Lieblings-Küchenkräuter, wie Petersilie und Majoran, mit Sommerblumen in Rosa und klarem Rot.

KRÄUTERGARTEN

Der Kräutergarten liegt neben dem Haus und besteht aus zwei Rabatten entlang eines Pflasterwegs, in welchen die Bepflanzung gespiegelt ist. Jede Rabatte ist durch einen kleinen Klinkerpfad in zwei Felder unterteilt; so kann man gut an alle Kräuter gelangen. Der ganze Garten ist ungefähr 8 x 5 Meter groß und durch einen halbhohen Holzzaun vom Rest des Gartens abgetrennt.

Die Spiegelrabatten sind auch im Sommer sehr farbig, weil auffallend blühende Pflanzen zwischen die Kräuter gesetzt wurden. Das Farbschema, an das Heikie sich gehalten hat, ist Sanftrosa und Hellrot, ergänzt durch Pflanzen mit dunklem und graugrünem Blatt. Vor allem das graugrüne Blatt des Grauen Heiligenkrauts (*Santolina*) sorgt für einen auffallenden Akzent. Die Dahlien werden in jedem Herbst ausgegraben und frostsicher überwintert. Ab Anfang Mai werden sie wieder eingepflanzt. Jedes Jahr kommen andere Einjährige in die Rabatte, wie Kapuzinerkresse und Garten-Fuchsschwanz. Der Grundriss zeigt eines der vier Felder; spiegeln Sie den Entwurf, um das Feld zu verlängern, und spiegeln Sie das Ganze dann noch einmal, um eine doppelte Rabatte zu erhalten.

Tipp

Versorgung der Kräuter

Es ist möglich, weit mehr dekorative Kräuter zwischen die Blühpflanzen zu setzen. Schnittlauch, Majoran, Salbei, Ysop, Weinraute, Thymian und Rosmarin sind Stauden und kommen jedes Jahr von selbst wieder. Wenn das Blatt des Schnittlauchs im Sommer hässlich wird, können Sie es ganz abschneiden, schnell wird wieder ein neues Blatt erscheinen.

Thymian kommt nicht immer gut durch den Winter, kaufen Sie darum im Frühjahr, falls nötig, neue Pflanzen. Bohnenkraut, Petersilie und Sellerie sind einjährig. Diese Kräuter können Sie im Frühling aussäen, oder Sie kaufen junge Pflanzen im Gartencenter.

5

6

7

11

4

3

Pflanzenliste

1 Kerzenknöterich, *Persicaria amplexicaulis* 'Rosea' (2 x)
2 Dahlie, *Dahlia* 'Gerrie Hoek' (3 x)
3 Zitronenmelisse, *Melissa officinalis* (1 x)
4 Eberraute, *Artemisia abrotanum* (1 x)
5 Stauden-Lobelie, *Lobelia fulgens* 'Queen Victoria' (2 x)
6 Dahlie, *Dahlia* 'Ragged Robin' (1 x)
7 Fetthenne, *Sedum* 'Mohrchen' (1 x)
8 Japanisches Blutgras, *Imperata cylindrica* 'Red Baron' (1 x)
9 Mädchenauge, *Coreopsis* 'Limerock Ruby' (3 x)
10 Silber-Heiligenkraut, *Santolina chamaecyparissus* (1 x)
11 Petersilie, *Petroselinum crispum* (4 x)
12 Oregano, *Origanum laevigatum* 'Herrenhausen' (1 x)

Entwurf: Heikie Hoeksma
Abmessung: 3,5 x 1,5 Meter

Eine Rabatte nur mit weiß blühenden Pflanzen ist anziehend durch die Einfachheit, die sie ausstrahlt. Weiße Blumen sind subtil, vermitteln Ruhe und sind, wenn es dunkel wird, ein wenig geheimnisvoll.

WEISSE RABATTE

Hier sehen Sie die prächtige weiße Rabatte, die Ton ter Linden in seinen malerischen Gärten im Angerdorf Ruinen in der niederländischen Provinz Drenthe kreierte. Weiß kennt eine enorme Skala an Nuancen, und für Ton war es eine Herausforderung, sich darauf einzulassen. Selbst innerhalb des Weißtons gibt es noch Unterschiede in der Tönung: Es gibt Schneeweiß, Perlmuttweiß, Crèmeweiß und Gräulichweiß. Unser Auge kann minimale Unterschiede in den Nuancen wahrnehmen. Und oft gibt kann man in einer weißen Blüte sogar noch ein wenig Farbe aufspüren, bestimmt aber im Herz der Blüte.

Formkontraste zwischen Blatt und Blüte sind von großer Bedeutung, da wenig Farbe zu sehen ist. Indem gut auf Formen und den Wuch der ganzen Pflanze geachtet wurde, ist eine abwechslungsreiche Bepflanzung entstanden. Pflanzen mit recht großen Blüten, wie die Flammenblume (*Phlox*), kommen schön zur Geltung zwischen den feinen Blüten des Feinstrahls (*Erigeron*). Eher flache Blütenformen wie die der einjährigen Strahlen-Breitsame (*Olraya grandiflora*) kontrastieren mit den schlanken Stängeln der Königskerze (*Verbascum*). Ein graugrünes Blatt ist hier eigentlich unentbehrlich. Bei dunkelgrünem Blatt wirkt Weiß viel härter, das graue Blatt lässt Weiß sanfter erscheinen und verbindet die weißen Blütengruppen miteinander. Das Resultat ist sehr leicht und verspielt, die Bepflanzung hat eine sehr natürliche und sogar märchenhafte Ausstrahlung.

Tipp

Einjährige hinzufügen

*Jedes Jahr werden einjährige Pflanzen zwischen die Stauden gesetzt, wie Stachelmohn (**Argemone grandiflora**, Silver Charm'), Spinnenblume (**Cleone spinosa**, White Queen'), Ziertabak (**Nicotiana alata**), Strahlen-Breitsame (**Orlaya grandiflora**), Feinstrahl (**Erigeron annuus**) und Schmuckkörbchen (Cosmea bipinnatus, Purity'). Oder wählen Sie ein schönes Zwiebelgewächs, wie Lilie (**Lilium**, Casa Blanca') und weißen Frühlingsstern (**Triteleia**).*

3

10

7

9

8

4

12

6

Pflanzenliste

1 Virginischer Ehrenpreis, *Veronicastrum virginicum* 'Album' (2 x)
2 Gelenkblume, *Physostegia virginiana* 'Summer Snow' (3 x)
3 Weißer Wiesenknopf, *Sanguisorba tenuifolia* 'Alba' (1 x)
4 Feinstrahl, *Erigeron annuus* (3 x)
5 Brennende Liebe, *Lychnis chalcedonica* 'Alba' (2 x)
6 Flammenblume, *Phlox* (Paniculata-Gruppe) 'White Admiral' und 'Pax' (3 x)
7 Schmuckkörbchen, *Cosmos bipinnatus* 'Purity' (3 x)
8 Geißraute, *Galega officinalis* 'Alba' (1 x)
9 Große Sterndolde, *Astrantia major* 'Shaggy' (3 x)
10 Königskerze, *Verbascum chaixii* 'Album' (3 x)
11 Sumpf-Schafgarbe, *Achillea ptarmica* (2 x)
12 Silberraute, *Artemisia ludoviciana* (3 x)

Entwurf: Ton ter Linden
Abmessung: 2,5 x 2,5 Meter

Dieses eindrucksvolle Blumenmeer in Orangetönen wird ab Beginn des Sommers bis weit in den Herbst hinein für Farbe in Hülle und Fülle sorgen. Fleur van Zonneveld und Eric Spruit vom Gartenzuchtbetrieb »De Kleine Plantage« entwarfen diesen Garten mit einjährigen Pflanzen, Sommerzwiebeln und Ziergräsern.

EINJÄHRIGE UND SOMMERZWIEBELN

Weil so viele verschiedene Orangetöne gewählt wurden, von Gelborange bis Knallorange, beinahe Rot und Lachstönen, wirkt die Bepflanzung so abwechslungsreich. Das sehr dunkle Blatt der Dahlien liefert dazu noch einen schönen Kontrast. Die Rabatte ist aufgeteilt in ein Haifischzahn-Muster aus größeren und kleineren Dreiecken. Vorne wurden die Pflanzen-Dreiecke mit niedrigeren Pflanzen platziert, die Spitze weist nach hinten. An der hinteren Seite wurden größere Dreiecke mit der Spitze nach vorn platziert, hier wachsen die höheren Pflanzen. Die Grenzlinien wurden durch das Ziergras *Pennisetum villosum* verwischt. Über die volle Länge der Rabatte laufen in zwei Schlangenlinien Dahlien. So ist eine sehr vielseitige Bepflanzung entstanden.

Diese Rabatte braucht einen sonnigen Ort und viel fruchtbaren Boden. Die Bepflanzung ist auf ein Jahr angelegt. Setzen Sie alles im Mai in die Erde; innerhalb eines Monats wird es bereits schön aussehen, und bis in den Oktober hinein ist die Bepflanzung sehr farbig. Die Dahlien sind nicht winterhart, Sie können sie im Oktober ausgraben und frostsicher aufbewahren. Alle anderen Sorten sind einjährig (oder nicht winterhart), im Winter sterben sie ab. Im nächsten Frühjahr beginnen Sie aufs Neue mit dem Pflanzen.

Tipp

Sommerzwiebeln

Mit Sommerzwiebeln wie Crocosmia, der Kaphyazinthe, und Dahlien bringen Sie sehr viel Farbe in den Garten. Sie sind gut mit einjährigen Pflanzen zu kombinieren, können aber auch prima zwischen Stauden wachsen. Es gibt viele verschiedene Sorten in allerlei schönen Farben, für jede Bepflanzung wird sich wohl eine geeignete Sommerzwiebel finden lassen. Die Zwiebeln können ab April eingesetzt werden.

2

9

11

3

6

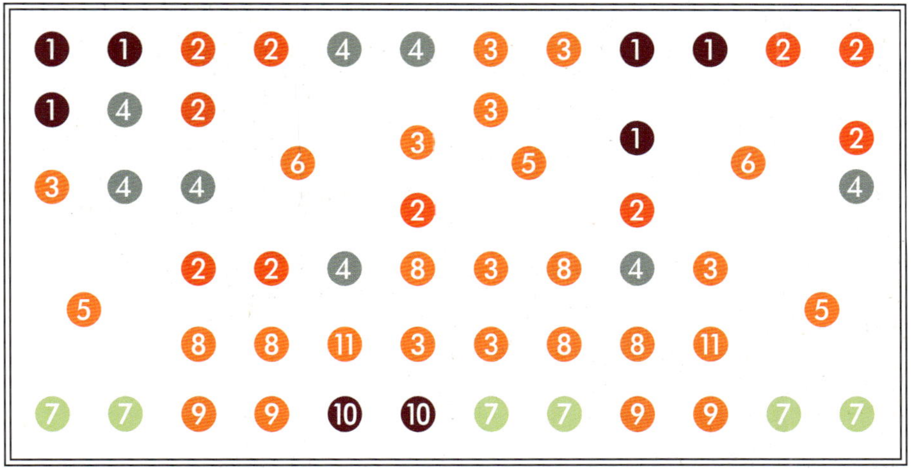

Pflanzenliste *(jede Zahl auf dem Grundriss steht für eine Pflanze)*

1 Federborstengras, *Pennisetum setaceum* 'Rubrum'
2 Studentenblume, *Tagetes patula* 'Linnaeus'
3 Großes Löwenmaul, *Antirrhinum majus* 'Bronze Rocket'
4 Wolliges Federborstengras, *Pennisetum villosum*
5 Dahlie, *Dahlia* 'Moonfire'
6 Dahlie, *Dahlia* 'David Howard'
7 Lakritz-Strohblume, *Helichrysum petiolare*
8 Kapuzinerkresse, *Tropaeolum* 'Tip Top Apricot'
9 Elfensporn, *Diascia* 'Tangerine'
10 Sauerklee, *Oxalis vulcanicola* 'Dark Form'
11 Petunie, *Petunia* 'Callibrachoa Orange Glow'

Entwurf: Fleur van Zonneveld und Eric Spruit
Abmessung: 1,5 x 3 Meter

Eine leicht zu pflegende Bepflanzung bildete den Ausgangspunkt für diesen umschlossenen Stadtgarten. Bei den meisten Pflanzen geht es vor allem um das Blatt. Darüber hinaus sind fast alle Pflanzen wintergrün, so dass dieser Garten das ganze Jahr hindurch schön ist.

BLATTPFLANZEN FÜR DEN INNEN-HOF

Die Pflanzenliste besteht aus sorgfältig ausgewählten Sorten mit einem auffallend schönen Blatt. Sie werden in einer abwechselnden Mischung angelegt, damit interessante Kontraste entstehen. Hinter den schmalen Pflanzfeldern sind kegelförmige Stutzformen von Buxus zu sehen, miteinander verbunden durch eine niedrige Hecke. Sie verleihen dem Entwurf das ganze Jahr hindurch eine deutliche Struktur. Blüten zeigen Hortensie, Blauregen, Neuseeländischer Strauch-Veronica und die Japanischer-Wachsglocke.

Sowohl am Haus als auch hinten im Patiogarten wurde eine Terrasse angelegt. An der Mauer und entlang der Terrassenwand wächst ein Blauregen (*Wisteria*), hinter der Buxushecke steht der Falsche Christusdorn (*Gleditsia triacanthos*) mit sehr feinem Blatt. Die Pflege beschränkt sich vornehmlich auf Schneidearbeit. Die Hecken und Stutzformen kann man zweimal jährlich schneiden: Mitte Juni und dann noch einmal im September. Schneiden Sie hässliche Blätter zeitig im Frühling ab und stutzen Sie die Sträucher leicht zurück, wenn sie zu groß werden. Diese Bepflanzung eignet sich gut für Halbschatten.

Tipp

Blattpflanzen

Pflanzen mit schönem Blatt bilden die Basis jeder Bepflanzung. Achten Sie bei der Auswahl auf die Form des Blatts, die Farbe (grün, grüngelb, blaugrün, graugrün, dunkelgrauviolett, weißbunt oder gelbbunt), auf die Größe, Struktur (glatt oder behaart) und darauf, ob die Pflanze wintergrün ist. Sorgen Sie vor allem bei einer Blattpflanzenrabatte für so viel Kontraste in Form und Farbe wie möglich. Setzen Sie Blätter, die so groß wie Bistro-Tische sind, neben winzige, nur einen Zentimeter große Blätter, oder kombinieren Sie ein grüngelbes Blatt mit grauviolettem. So entsteht viel Abwechslung.

9

5

7

8

6

4

11

Pflanzenliste

1 Buchsbaum, *Buxus sempervirens* (8-10 x für Hecke + 3 x Kegelform)
2 Neuseeländische Strauch-Veronica, *Hebe pinguifolia* (3 x)
3 Christrose, *Helleborus argutifolius* (1 x)
4 Haselwurz, *Asarum europaeum* (3 x)
5 Orangenblume, *Choisya ternata* (1 x)
6 *Olearia* x *haastii* (1 x)
7 Strauchveronica, *Hebe* 'Kirkii' (1 x)
8 Funkie/Herzblattlilie, *Hosta* 'Halcyon' (2 x)
9 Japanische Wachsglocke, *Kirengeshoma palmata* (1 x)
10 Schwefel-Elfenblume, *Epimedium* x *versicolor* 'Sulphureum' (3 x)
11 Wald-Hortensie, *Hydrangea arborescens* 'Annabelle' (1 x)

Entwurf: Chris Ghyselen
Abmessung: 1,25 x 3,5 Meter

Diese prächtige Rabatte habe ich auf dem Gelände des Gartenzuchtbetriebs »De Kleine Plantage« fotografiert. In ihren Gärten zeigen Fleur van Zonneveld und Eric Spruit beispielhaft, wie die vielen schönen Pflanzen, die in ihrer Gärtnerei angeboten werden, kombiniert werden können.

NACHSOMMER-RABATTE

Viele schöne Blattpflanzen, wie Ziergräser, bilden eine schöne Basis. Wäre nur mit reichblühenden Pflanzen gearbeitet worden, würden in bestimmten Perioden unvermeidlich »Löcher« in der Bepflanzung entstehen. Ein schönes Beispiel also dafür, wie wichtig die Rolle von Blattpflanzen und anderen Pflanzen ist, die nach der Blüte auch noch etwas zu bieten haben.

Es wurden auch viel Ährenformen verwendet, was der Bepflanzung eine besondere Ausstrahlung verleiht. Das große, runde Blatt der *Hosta* sorgt für einen Formenkontrast. Eine auffallende hier verwendete Blattpflanze ist der Blumenkohl, *Brassica oleracea*, Redbor‘. Das Blatt ist die ganze Saison über schön, im Winter kann er geerntet und lecker zubereitet werden. Zwischen den Stauden ist auch eine Dahlie gepflanzt worden. Die Dahlie, Magenta Star‘ hat ein dunkles, grauviolett gefärbtes Blatt, schön anzusehen auch schon vor der Blüte. Die borstigen Ähren des Lampenputzergrases (*Pennisetum*) kommen im Herbst groß heraus. Etwas weiter hinten blühen verschiedene Sorten des Stielblütengrases (*Miscanthus*). Die Blütenrispen sind von silbriger bis violetter Farbe und bleiben den Winter über schön gerade stehen.

Diese geräumige Rabatte ist natürlich nicht nur im Herbst schön. Die Pflanzen sind so gemischt gesetzt, dass einige auch im Frühling und im Sommer blühen. Im Juli und August fallen Flammenblume (*Phlox*, Paniculata-Gruppe) und Präriebergamotte (*Monarda*) durch ihre Blüte auf. Und allerlei schöne Einjährige sorgen bereits ab Mitte Juni für viel Farbe.

Tipp

Dahlien pflanzen

Die Dahlienknollen können ab Mitte Mai ins Freiland gesetzt werden, müssen im Herbst aber ausgegraben und frostfrei überwintert werden. Für eine frühere Blütezeit können die Knollen bereits im April in Töpfe gepflanzt werden, die an einem frostsicheren Ort stehen. Es kann auch probiert werden, die Knollen direkt in den Boden zu setzen, wenn eine dicke Lage Laub oder Stroh darüber gelegt wird.

3

4

1

7

5

9

6

8

10

Pflanzenliste

1 Herbstaster, *Aster novi-belgii* 'Lisette' (5 x)
2 Chinaschilf, *Miscanthus sinensis* 'Roter Pfeil' (1 x)
3 Roter Wasserdost, *Eupatorium maculatum* 'Atropurpureum' (2 x)
4 Wildgladiole, *Gladiolus callianthus* 'Murielae' (12 x)
5 Thunberg-Berberitze, *Berberis thunbergii* 'Pink Glow' (1 x)
6 Dahlie, *Dahlia* 'Magenta Star' (3 x)
7 Fetthenne, *Sedum* 'Matrona' (7 x)
8 Herzlilie/Funkie, *Hosta* 'August Moon' (3 x)
9 Kerzenknöterich, *Persicaria amplexicaulis* 'Rosea' (3 x)
10 Lampenputzergras, *Pennisetum alopecuroides* 'Hameln' (3 x)

Entwurf und Lage: De Kleine Plantage
Abmessung: 2,5 x 2,5 Meter

Prächtig blühende Rabattenpflanzen in einer zeitgemäßen Mischbepflanzung umringen die Terrasse in diesem modern gestalteten Garten. Die komplementären Farben Gelb und Violett sorgen für einen auffallenden Kontrast.

MISCHEN MIT VIOLETT UND GELB

Die Pflanzen sind stückweise in einer gleichmäßigen Mischung über einen schmalen Streifen verteilt, wie in einem Bukett. Durch diese Vermischung der Pflanzen entstanden von selbst schöne Kombinationen. Die Bepflanzung ist so aufgebaut, dass man sie von zwei Seiten betrachten kann, sehr geeignet also für die Anlage zwischen Terrasse und Rasen.

Die Rabatte ist dicht bepflanzt. Nach einigen Jahren wird sie zu voll werden, und die Pflanzen müssen im Herbst ausgegraben und geteilt werden. Wählen Sie die schönsten Büschel, verteilen Sie sie über die Rabatte und pflanzen Sie sie aufs Neue ein. Im nächsten Jahr bereits wird das Resultat wieder prächtig sein.

Dieser Garten hat hinter dem Teich noch einige Bepflanzungsfelder, wo eine einfache, leicht zu pflegende Bepflanzung angelegt wurde. Schildblatt (*Darmera peltata*), Schlangen-Knöterich (*Persicaria bistorta*), Sibirische Schwertlilie (*Iris sibirica*) und Trollblume (*Trollius*) wachsen dort zusammen mit der Silber-Weide (*Salix alba*). Alle hier kombinierten Pflanzen gedeihen gut in feuchtem Boden.

Tipp

Pflanzen mixen

Sie können Pflanzen in Grüppchen von 3 oder 5 Stück setzen. Für einen natürlichen Effekt sind in dieser Rabatte die Pflanzen Stück für Stück vermischt gepflanzt worden. Beim Mischen sind die Verhältnisse zwischen den verschiedenen Farben wichtig. Nehmen Sie am meisten von der Basisfarbe, das ist hier das Violettblau von Katzenminze und Salbei. Das helle Gelbgrün der Falschen Alraunenwurzel und das Gelb von Kugelblume und Gemswurz sind hier Akzentfarben; nehmen Sie davon viel weniger. Mit Grünpflanzen wie Ziergräsern können Sie die »Löcher« auffüllen. Durchschnittlich benötigen Sie von etwas kleineren Staudenpflanzen 12 Stück pro Quadratmeter; für große Sorten oder breit wachsende Pflanzen 7 Stück.

8

5

7

4

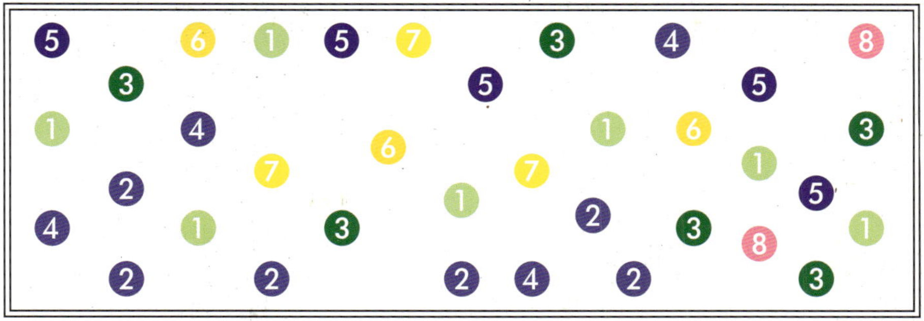

Pflanzenliste *(jede Zahl auf dem Grundriss steht für eine Pflanze)*

1 Falsche Alraunenwurzel, *Tellima grandiflora*
2 Katzenminze, *Nepeta* (Faassenii-groep) 'Walker's Low'
3 Rasen-Schmiele, *Deschampsia cespitosa*
4 Ziersalbei, *Salvia nemorosa* 'Caradonna'
5 Sibirische Schwertlilie, *Iris sibirica*
6 Trollblume, *Trollius europaeus*
7 Gemswurz, *Doronicum* 'Harpur Crewe'
8 Schlangen-Knöterich, *Persicaria bistorta*

Entwurf: Marcus Barnett & Philipp Nixon
Abmessung: 1 x 3 Meter

Ein sonniger Fleck mit trockenem, steinigen Grund bildete eine Herausforderung für die berühmte englische Gartengestalterin Beth Chatto. Doch durch die wohlüberlegte Auswahl der richtigen Pflanzen entstand ein prächtig blühender, abwechslungsreicher Kiesgarten.

KIESGARTEN

Beth Chatto hat sich auf Pflanzen spezialisiert, die gut auf trockenem Boden wachsen. Sie hat sogar ein ganzes Buch darüber geschrieben. Trockener Boden eignet sich ausgezeichnet für eine farbenreiche Rabatte wie sie hier auf dem Foto zu sehen ist. Diese Rabatte kann nicht einfach so kopiert werden, es ist sehr wichtig, dass die Bedingungen für die ausgewählten Pflanzen gut sind. Wenn es im Winter zu nass wird, werden viele Pflanzen im nächsten Frühjahr nicht mehr erscheinen. Experimentieren ist also wichtig, wenn solche eine Bepflanzung angelegt wird.

Ausgangsbasis ist ein sandiger Grund, in dem gegebenenfalls auch Kiesel sein dürfen. Nach dem Pflanzen wird der Boden mit einer Lage feinem Kies (2–5 cm große Steinchen) abgedeckt, um Verdunstung so weit wie möglich zu verhindern. Ein zusätzliches Bewässern ist in der Regel nicht nötig. Die Kieselbedeckung sorgt dafür, dass später weniger Arbeit anfällt als bei einer gewöhnlichen Rabatte. Denn das Unkraut wird durch die Kieselschicht unterdrückt, umso mehr, wenn sich die Rabattenpflanzen gut entwickelt haben. Viele Pflanzen müssen sich gut ausbreiten können, was für einen natürlich aussehenden Bewuchs sorgt, der prima zu einem Kiesgarten passt. Im Frühjahr kann ein Zuviel an Sämlingen weggenommen werden, so dass wieder eine schöne Balance entsteht.

4

5

3

1

2

6

Tipp

Frühlingsblüher

*Diese Rabatte ist in jeder Saison anziehend, aber im Sommer ist sie am farbenprächtigsten. Die Fotos wurden im Juli aufgenommen. Fügen Sie, wenn Sie im Frühling und Frühsommer Wert auf mehr Farbe legen, noch einige von den folgenden Pflanzen hinzu: Christrose, Schwertlilie, Spornblume (**Centranthus**) und allerlei Zwiebelgewächse wie Schachblume (**Fritillaria**), botanische Tulpen und Zierlauchgewächse. Schneiden Sie die Pflanzen erst im Frühling ab, denn eine Schicht Reif oder Schnee auf der Rabatte ergibt im Winter ein sehr schönes Bild.*

8

7

9

11

12

13

Pflanzenliste

1 Reitgras, *Calamagrostis* x *acutiflora* 'Karl Foerster' (5 x)
2 Purpur-Leinkraut, *Linaria purpurea* (7 x)
3 Patagonisches Eisenkraut, *Verbena bonariensis* (7 x)
4 Brandkraut, *Phlomis russeliana* (4 x)
5 Riesen-Federgras, *Stipa gigantea* (3 x)
6 Katzenminze, *Nepeta* x *faassenii* 'Walker's Low' (3 x)
7 Fetthenne, *Sedum* 'Herbstfreude' (5 x)
8 Elfenbeindistel, *Eryngium giganteum* (4 x)
9 Strand-Wolfsmilch, *Euphorbia pithyusa* (4 x)
10 Schlafmohn, *Papaver somniferum* 'Rose Paeony' (7 x)
11 Elfensporn, *Diascia integerrima* (5 x)
12 Strand-Wolfsmilch, *Euphorbia myrsinites* (5 x)
13 Kreta-Nessel, *Ballota pseudodictamnus* (5 x)

Entwurf und Lage:
Beth Chatto Gardens/Großbritannien
Abmessung: 2,5 x 2,5 Meter

Die Farben in dieser Rabatte kommen aus dem warmen Teil des Farbspektrums: Gelb, Orange und Rot. Eine Farbkombination, die verhältnismäßig selten vorkommt, wahrscheinlich, weil sie nicht so ganz einfach zu bewerkstelligen ist, aber vielleicht auch, weil nicht jeder diese Kombination schön findet?

TOLLE RABATTE

Diese Rabatte ist in den Gärten meines Vaters Rob Herwig angelegt, die früher für die Öffentlichkeit zugänglich waren. In *Sissinghurst Castle/* England, wo eine Rabatte wie diese im *Cottage Garden* zu sehen ist, wurde er zu der Idee inspiriert. Es ist sehr wichtig, nur reines Rot zu verwenden. Sobald das Rot ein bisschen Blau enthält, also zu Rosa wird, wird es unbrauchbar. Da es nur wenige Staudenpflanzen mit rein roten Blüten gibt, wurden der Rabatte viele dauerblühende Rosen und Einjährige hinzugefügt. Auch das reine Rot von Dahlien, Gladiolen und diversen Beetpflanzen kann hier verwendet werden.

In *Sissinghurst* wurde neben dem reinen Rot Hellgelb verwendet. Hier haben wir uns für ein sanftes Gelb entschieden. Grellgelb ist die hellste Farbe, die es gibt, und zieht alle Aufmerksamkeit auf sich. Sanftgelb ist bescheidener und sorgt für subtilere Kombinationen. Auch das neutrale Grüngelb des Frauenmantels passt gut zu dem reinen Rot.

Eine Hecke und zu einem Teil eine Mauer bilden den Abschluss der Rabatte. An der Mauer wächst eine rote Kletterrose, die für Farbtupfer auf dem Hintergrund sorgt. Volles Sonnenlicht ist für diese Rabatte eine absolute Notwendigkeit (minimal 7 Stunden täglich im Sommer). Sorgen Sie außerdem dafür, dass der Boden eine gute Struktur hat und ausreichend gedüngt ist.

Tipp

Rosen in der Rabatte

In dieser Rabatte gibt es sehr viele Rosen. Strauchrosen können Sie sehr gut zwischen Rabattenpflanzen einsetzen, vorausgesetzt, dass die umgebenden Pflanzen die Rosenzweige nicht überwuchern. Es ist also wichtig, hierauf zu achten und direkt neben die Rose eine etwas niedrigere Pflanze zu setzen, oder eine Pflanze mit sehr luftigem Wuchs. Stammrosen sind viel einfacher zu pflegen und sehr effektvoll. Das dünne Stämmchen schert sich nicht um die umgebende Bepflanzung und braucht nur wenig Platz. So haben Sie gleichsam eine zweite Etage in Ihrer Rabatte geschaffen.

5

7

6

11

9

14

10

8

12

13

Pflanzenliste

1 Gelbe Wiesenraute, *Thalictrum flavum* ssp. *glaucum* (3 x)
2 Kletterrose, *Rosa* 'Paul's Scarlet' (2 x)
3 Montbretie, *Crocosmia* x crocosmiiflora 'Lucifer' (7 x)
4 Königskerze, *Verbascum* 'Gainsborough' (5 x)
5 Inkalilie, *Alstroemeria aurea* 'Orange King' (5 x)
6 Echte Nelkenwurz, *Geum* 'Prinses Juliana' (3 x)
7 Büschelrose, *Rosa* 'Tojo' (2 x auf Stamm)
8 Zwergrose, *Rosa* 'Twinkles' (2 x)
9 Roter Salbei, *Salvia coccinea* (5 x)
10 Gemeine Schafgarbe, *Achillea* 'Moonshine' (4 x)
11 Frauenmantel, *Alchemilla mollis* (5 x)
12 Eisenkraut, *Verbena* 'Blaze' (5 x)
13 Binsenlilie, *Sisyrinchium striatum* (5 x)
14 Zwergrose, *Rosa* 'Zwergkönigin' (2 x)

Entwurf: Rob Herwig
Abmessung: 2,5 x 2,5 Meter

Im Jahr 1883 zog der Kunstmaler Claude Monet nach Giverny und legte dort einen besonderen Garten an. Dieser Garten wird noch immer gepflegt und zieht jedes Jahr viele Besucher aus dem In- und Ausland an. Die Rabatten sind im Frühling dank großer Mengen Blumenzwiebeln sehr farbenprächtig.

BLUMEN-ZWIEBELN UND ZWEIJÄHRIGE

Der Charme der Bepflanzung entsteht zu einem großen Teil durch die ungezwungene Ausstrahlung. Pflanzen, die eigentlich als ein bisschen »altmodisch« betrachtet werden, wie großblumige Tulpen, Gartenstiefmütterchen und Gänseblümchen, bekommen hier durch das Gesamtarrangement eine ganz andere Ausstrahlung. Die Pflanzen stehen nicht in farbigen Grüppchen, sondern wurden bewusst gemischt. Die gleiche Tulpe steht über die ganze Länge der Rabatte zwischen den niedrigeren Pflanzen, und dieselben Sorten werden stets wiederholt. Die gewählten Farben Rotviolett, Lila und Violett sind leicht miteinander zu kombinieren.

Die verwendeten Frühjahrsblüher sind allesamt recht niedrig, eine geeignete Bepflanzung also für eine Rabatte, die von mehreren Seiten aus attraktiv sein soll. Es entsteht auch ein schöner Effekt, wenn die Rabatte vor einem Rand aus frühblühenden Sträuchern angelegt wird, wie Zierapfel, Magnolie, Flieder oder beispielsweise Spalierobst. In diesem der Öffentlichkeit zugänglichen Garten wird jedes Jahr aufs Neue viel eingepflanzt, so dass in jeder Saison viel Farbe zu sehen ist. Dies ist sicher auch für einen kleinen Garten eine Option.

7

Tipp

Tulpen pflanzen

Für eine optimale Wirkung müssen jedes Jahr neue Pflanzen in die Rabatte gesetzt werden. Das Wachsen und Blühen von großblumigen Tulpen geht nach dem ersten Jahr meist zurück. Wenn Sie in jedem Herbst neue Zwiebeln setzen, können Sie davon ausgehen, dass im Frühjahr viele Blumen zu sehen sein werden. Es macht auch Freude, jedes Jahr wieder einmal andere Sorten auszuprobieren. Oktober/November ist eine prima Zeit, um die Zwiebeln einzupflanzen, füllen Sie die Rabatte dazu sehr zeitig im Frühjahr mit zweijährigen Pflanzen an.

4

8

1

3

5

2

6

Pflanzenliste

1 Vergissmeinnicht, *Myosotis* 'Victoria Rose' (10 x)
2 Vergissmeinnicht, *Myosotis* 'Royal Blue' (10 x)
3 Garten-Stiefmütterchen, *Viola* (Wittrockiana-Gruppe) (10 x)
4 Garten-Gänseblümchen, *Bellis perennis* 'Pomponette' (10 x)
5 Judaspfennig/Einjähriges Silberblatt, *Lunaria annua* (8 x)
6 Tulpe, *Tulipa* 'Maytime', *T.* 'Attila', *T.* 'Shirley' (50 x)
7 Goldlack, *Erysimum cheiri* (15 x)
8 Persische Kaiserkrone, *Fritillaria persica* 'Adiyaman' (5 x)

Lage: Garten Claude Monet/Giverny
Abmessung: 2,5 x 2,5 Meter

Die klassische englische Rabatte wird durch zeitgenössische Gartenarchitekten immer häufiger durch eine natürlich aussehende und pflegefreundliche Mischung aus Ziergräsern und reichblühenden Stauden ersetzt. Die besonderen Pflanzengemeinschaften aus der nordamerikanischen Prärie bilden eine Inspirationsquelle für heutige Gärten. Diese kleine Rabatte ist in diesem neuen »Präriestil« bepflanzt.

PRÄRIE-RABATTE

Die Rabatte auf dem Foto misst 4,5 m x 2 m, dahinter steht eine Buchenhecke. Die Pflanzen sind stückweise gemischt und recht regelmäßig über den Raum verteilt worden. Am Rand entlang steht das niedrige Moskitogras *Bouteloua*, mit blühenden Rispen, die horizontal abstehen und ein bisschen wie Zahnbürsten aussehen. Etwas weiter hinten steht das ungefähr 80 cm hohe *Sorghastrum*, ein echtes Präriegras aus Nordamerika. Das hohe Eisenkraut *Verbena* ist sehr transparent, so dass diese Pflanze am besten etwas weiter vorn zur Geltung kommt.

Die Bepflanzung wird am schönsten ab August sein, bis weit in den Oktober hinein blühen noch die Astern. Die Acker-Witwenblume und die Prachtscharte *Liatris* sorgen im frühen Sommer für Farbe, sie beginnen bereits im Juni zu blühen. Der Pflege dieser Bepflanzung ist einfach. Schneiden Sie alle abgestorbenen Pflanzenteile im Frühjahr ab. Büschel, die zu groß werden, können ungefähr im dritten Jahr geteilt und aufs Neue eingepflanzt werden. Zum Bepflanzen der Rabatte ist der April eine prima Zeit.

9

2

3

4

Tipp

Farbe im Frühling

*Wollen Sie mehr Farbe im Frühling, können Sie Blumenzwiebeln hinzufügen, die Sie im Herbst zwischen die Stauden pflanzen. Geeignet sind beispielsweise die Prärielilie (**Camassia**), die Sommer-Knotenblume (**Leucojum aestivum**), die wilde Tulpe (**Tulipa acuminata**) und natürlich der Zierlauch, der auch in der Pflanzenliste aufgeführt ist.*

5

10

8

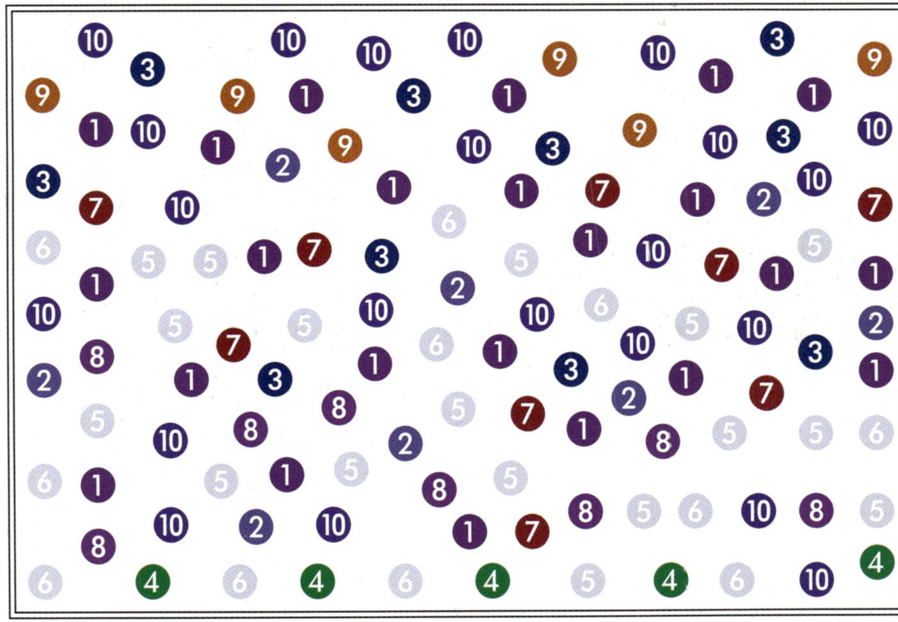

Pflanzenliste *(jede Nummer steht für eine Pflanze):*

1 Zierlauch, *Allium aflatunense* 'Purple Sensation'
2 Herbstaster, *Aster* x *frikartii* 'Mönch'
3 Herbstaster, *Aster* 'Little Carlow'
4 Moskitogras, *Bouteloua gracilis*
5 Weißer Sonnenhut, *Echinacea purpurea* 'White Lustre'
6 Prachtkerze/Präriekerze, *Gaura lindheimeri* 'Whirling Butterflies'
7 Mazedonische Witwenblume, *Knautia macedonica*
8 Prachtscharte, *Liatris spicata*
9 Goldbartgras, *Sorghastrum nutans* 'Indian Steel'
10 Patagonisches Eisenkraut, *Verbena bonariensis*

Entwurf: Modeste Herwig
Abmessung: 3 x 2 Meter

Die berühmte australische Gartenarchitektin Marylyn Abbott ist für die Gestaltung des Gartens beim englischen West Green House verantwortlich. Sie hat den Garten nach ihren eigenen Ideen neu be-pflanzt, wobei Farbkombinationen eine wichtige Rolle spielen. Sehr viele Blumen, sanfte Farben und runde Schnittformen von Buchsbaumhecken geben diesem Garten eine romantische Atmosphäre.

ROMANTISCHER GARTEN

Diese doppelte, in Rosa gehaltene Rabatte wird an einer Seite durch eine alte Gartenmauer begrenzt, an der anderen Seite schließt sich eine große Rasenfläche an. In der Mitte verläuft ein Kiesweg, der einen Spaziergang durch die reich blühenden Pflanzen möglich macht. Dies ist eine schöne Einteilung für einen etwas größeren Garten. Es kann beispielsweise in der Gartenmitte ein Rasen angelegt werden, mit einer doppelten Rabatte an den Gegenseiten. Oder legen Sie die Rabatte in der Gartenmitte an, angeschlossen durch offenstehende Gartentüren oder ein Fensterelement. Vom Haus aus bietet solch ein Garten in beiden Fällen einen prächtigen Anblick.

Blühende Pflanzen in dieser Rabatte, wohin das Auge schaut. Prächtige Kombinationen in hauptsächlich rotvioletten und lila Farbschattierungen wurden gewählt. Ein wenig Weiß hier und da sorgt für Frische. Es sind hohe, transparente Rabattenpflanzen verwendet worden, wie das Leinkraut (*Linaria*), aber auch traditionelle Sorten mit großen Blüten wie die Lupine. Auffallend ist auch die Bartnelke, bekannt als altmodische Beetpflanze. Zwischen Staudenpflanzen kommt dieser reiche Blüher gut zu seinem Recht. Es gibt Blumen in vielen weißen, rotvioletten und roten Farbtönen; wenn gewünscht, kann man sie nach Farbe aussäen.

Tip

Kletterelemente

*In die Mitte der Rabatte wurde ein einfaches Kletterelement platziert. Es besteht aus drei Holzpfählen, die zusammen ein Dreieck formen und reich blühenden Waldreben (**Clematis**) Halt bieten. Eine schöne Art, um mehr Höhe zu erreichen, ohne dass dafür sehr viel Raum in Anspruch genommen werden muss.*

4

7

2

5

6

3

9

10

Pflanzenliste

1 Purpur-Leinkraut, *Linaria purpurea* 'Canon. J. Went' (10 x)
2 Geißraute, *Galega* x *hartlandii* 'Candida' (1 x)
3 Griechische Malve, *Sidalcea* 'Oberon' (10 x)
4 Clematis/Waldrebe, *Clematis* (Viticella-Gruppe) 'Etoile Violette' (3 x)
5 Wiesenkerbel, *Anthriscus sylvestris* 'Ravenswing' (7 x)
6 Kronen-Lichtnelke, *Lychnis coronaria* 'Alba' (4 x)
7 Moschusmalve, *Malva moschata* 'Rosea' (3 x)
8 Mazedonische Witwenblume, *Knautia macedonica* (3 x)
9 Pyrenäen-Storchschnabel, *Geranium endressii* (3 x)
10 Bartnelke, *Dianthus barbatus* (7 x)

Entwurf und Lage: Marylyn Abbott, West Green House
Abmessung: 2,5 x 2,5 Meter

Ein gelber beziehungsweise »goldener« Garten hat immer etwas Sonniges. Man kann viel Abwechslung erreichen mit verschiedenen Schattierungen von Gelb: Lichtgelb, Knallgelb, Grüngelb, Crèmegelb oder Orangegelb. Das sonnige Gelb in diesem Innenhofgarten wirkt in Kombination mit Weiß und einer Basis aus gelbbuntem Blatt sehr frisch. Ein wenig Violett ergibt einen subtilen Akzent.

GELBER GARTEN

Der Entwurf ist für einen Garten gedacht, der von Mauern umschlossen ist. An die Wände wurden zwei Reihen von Pflanzbehältern gemauert, damit wurde von der Höhe des Außenraums Gebrauch gemacht. Da die Pflanzen in den hintersten Pflanzbehältern recht weit oben stehen, hat man die Blumen in Augenhöhe. Die Pflanzbehälter wurden absichtlich unregelmäßig gemauert, um einen spielerischen Effekt zu erzielen. Für eine zusätzliche Tiefenwirkung wurden die vertikalen Teile abwechselnd in einem hellen und einem etwas dunkleren Farbton gestrichen.

Die Pflanzbehälter können Sie aus Betonplex (Sperrholzplatten, die beidseitig mit einem wasserfesten Film versehen sind, Anm. d. Übers.) oder beispielsweise aus Kalksandstein herstellen. Der hinterste Behälter ist ungefähr 1 m hoch, der vorderste etwa 50 cm. Befüllen Sie die Behälter mit gedüngter Gartenerde. Jeder Behälter muss an der Unterseite offen sein oder einen perforierten Boden haben, so dass überflüssiges Wasser gut ablaufen kann. In Trockenperioden kann zusätzliches Wässern nötig werden. Sinnvoll ist auch ein einfaches Sprühsystem, um das Austrocknen des Bodens zu verhindern.

Tipp

Noch mehr Pflanzen aus dieser gelben Rabatte:

Schafgarbe, **Achillea** *'Moonshine'*
Färberkamille, **Anthemis** x **hybrida**
Kreuzkraut, **Brachyglottis greyi** *'Sunshine'*
Japansegge, **Carex oshimensis** *'Evergold'*
Japanisches Goldbrandgras, **Hakonechloa macra** *'Aureola'*
Sonnenbraut, **Helenium** *'Buttercup'*
Taglilie, **Hemerocallis** *'Stella d'Oro'*
Purpurglöckchen, **Heuchera** *'Lime Rickey'*
Heckenmyrthe, **Lonicera nitida** *'Baggesen's Gold'*
Brandkraut, **Phlomis russeliana**

1

9

11

10

8

Pflanzenliste

1 Schmucklilie, *Agapanthus africanus* 'Albus'(2 x)
2 Einjähriger Sonnenhut, *Rudbeckia hirta* 'Prairie Sun'(9 x)
3 Zimmeraralie, *Fatsia japonica* (2 x)
4 Blauraute, *Perovskia* 'Blue Spire' (6 x)
5 Frauenmantel, *Alchemilla mollis* (9 x)
6 Palisaden-Wolfsmilch, *Euphorbia characias* 'Silver Swan' (2 x)
7 Margerite, *Leucanthemum* (Superbum-groep) 'Wirral Pride' (6 x)
8 Graues Heiligenkraut, *Santolina chamaecyparissus* (2 x)
9 Lavendel, *Lavandula angustifolia* 'Dwarf Blue' (6 x)
10 Spindelstrauch, *Euonymus fortunei* 'Emerald 'n Gold' (2 x)
11 Mädchenauge, *Coreopsis verticillata* 'Moonbeam' (3 x)

Entwurf: Philippa Probert
Abmessung: ca. 1,4Meter x 4 Meter

Seit ich gärtnere, bin ich fasziniert von dem wunderbaren Phänomen Farbe. In meiner eigenen Rabatte experimentiere ich gern mit Farbkombinationen. Zuerst war die Rabatte ganz hellgelb und violett, aber nun habe ich mich für die auffallenden Farben Rot und Violett entschieden.

GEWAGT IN ROT UND VIOLETT

Reines Rot und Violett bilden ein reichhaltiges und gewagtes Farbenpaar im Garten. Wollen Sie eine kräftige Rabatte, die wirklich auffällt, oder möchten Sie die Aufmerksamkeit besonders in eine bestimmte Ecke des Gartens lenken, dann ist dies eine fantastische Farbkombination.

Meine Rabatte steht von April bis in den Oktober voll in Farbe. Tulpen sorgen im frühen Frühling dafür, gefolgt vom Zierlauch *Allium aflatuenense*, Purple Sensation'. Im Herbst gibt es noch schöne Blüten vom Herbsteisenhut *Aconitum carmichaelii*, rote Dahlien und die Veronie *Vernonia crinita*, 'Mammuth'.

Große Gruppen des dunkelroten Kerzenknöterichs bilden die Basis. Diese starke Staudenpflanze beginnt im Juli zu blühen und liefert bis weit in den Herbst hinein Farbe. Das Wiederholen des Kerzenknöterichs sorgt für Rhythmus in der Bepflanzung. Rundherum habe ich Pflanzen mit violetten Blüten gruppiert. Für einen würzigen Akzent sorgen die rein roten Blüten von *Crocosmia* und Roter Lobelie. Gerade dadurch, dass wenig von dieser Farbe verwendet wird, fällt sie so auf. Die Riesen-Glockenblume *Campanula lactiflora*, 'Loddon Anna', mit sehr hellen rosa Blüten, sorgt dafür, dass es im Ganzen nicht zu dunkel wird.

Tipp

Notizen machen

Im Sommer mache ich mir zu verschiedenen Zeiten Notizen und fotografiere auch. So weiß ich, was ich an der Bepflanzung noch verbesse muss – eine Rabatte ist nie fertig! Einzelne Punkte, auf die ich dabei achte:

Gibt es zu jeder Jahreszeit genug Farbe in der Bepflanzung?

Lässt das Farbenschema noch zu wünschen übrig, oder sind unbemer andere Blumenfarben in der Rabatte gelangt?

Sind alle Pflanzen gut zu sehen, oder müssen z. B. hohe Sorten nach hinten gesetzt werden?

Gibt es ausreichend attraktives Blattwerk und interessante Kontraste, was die Form der Blätter angeht?

Sind bestimmte Sträucher zu groß geworden und müssen geteilt werd

Sind Bäume und Sträucher im Garten zu groß, wodurch die Pflanzen nicht mehr gut wachsen?

2

7

1

6

4

5

10

Pflanzenliste

1 Kerzenknöterich, *Persicaria amplexicaulis* 'Speciosa' (2 x)
2 Dolden-Glockenblume, *Campanula lactiflora* 'Prichard's Variety' (3 x)
3 Rittersporn, *Delphinium* 'Blue Nile' (2 x)
4 Patagonisches Eisenkraut, *Verbena bonariensis* (6 x)
5 Roter Sonnenhut, *Echinacea purpurea* 'Magnus' (5 x)
6 Blaue Bergminze, *Agastache* 'Blue Fortune' (4 x)
7 Montbretie, *Crocosmia* x *crosocmiiflora* 'Lucifer'(10 x)
8 Prachtlobelie, *Lobelia fulgens* 'Queen Victoria' (4 x)
9 Rosa Gartenziest, *Stachys monieri* 'Hummelo'(8 x)
10 Silberraute, *Artemisia ludoviciana* 'Valerie Finnis' (6 x)

Entwurf: Modeste Herwig
Abmessung: 2 x 3 Meter

Diese Rabatte habe ich bei der berühmten Chelsea Flower Show in London fotografiert. Die Farben sprachen mich sehr an, und die Bepflanzung ist leicht nachzumachen. Das Gleichgewicht der Rabatte ist wohlüberlegt, der Gartenarchitekt bedachte die Höhe der einzelnen Pflanzen, so dass alle gut zu sehen sind. Fesselnde Kombinationen mit Nachbarpflanzen machen diesen Entwurf noch spannender.

SOMMERRABATTE IN VIOLETT UND ORANGE

Das Orange des Garten-Nelkenwurz verleiht einen kräftigen Farbakzent zwischen all dem Violett; diese Farbschattierung wird in den Blütentrauben der Lupine sehr subtil wiederholt. Gerade weil nur wenig Orange verwendet wird, fällt es noch mehr auf. Blattpflanzen und das bräunliche Ziergras *Carex testacea* geben der Bepflanzung eine natürliche Ausstrahlung. Auf dem Gartenplan stehen die Pflanzen in ordentlichen Gruppen, in Wirklichkeit dürfen die verschiedenen Sorten ruhig ein bisschen durcheinander wachsen. Wenn bestimmte Gruppen zu groß werden, können Sie die Pflanzen im Herbst teilen; pflanzen Sie dann einfach nur einen Teil wieder ein. Die Blumenzwiebeln (*Allium*) müssen im Oktober gepflanzt werden, die Stauden im Frühjahr oder Herbst. Topfpflanzen können Sie das ganze Jahr über einsetzen. Diese Bepflanzung ist für einen sonnigen oder leicht schattigen Platz und losen, fruchtbaren Gartenboden gut geeignet.

Tipp

Noch mehr schöne Sommerblüher

Einige Sorten aus der Pflanzenliste müssten erhältlich sein, doch hier einige Alternativen:

Geum *'Fire Opal' ersetzen durch 'Prinses Juliana'*

Iris *'Tom Johnson' ersetzen durch 'Warrior King', 'Sunday Pinch' oder 'Amsterdam'*

Lupinus *'Masterpiece' ersetzen durch 'Royal Thundercloud'*

Marrubium velutinum *ersetzen durch* ***Artemisia ludoviciana*** *'Valerie Finnis'*

Nepeta *(Faassenii-groep) 'Kit Cat' ersetzen durch 'Walker's Low'*

3

5

10

9

8

6

7

Pflanzenliste

1 Andorn, *Marrubium velutinum* (6 x)
2 Zierlauch, *Allium christophii* (8 x)
3 Katzenminze, *Nepeta* (Faassenii-Gruppe) 'Kit Cat' (6 x)
4 Garten-Nelkenwurz, *Geum* 'Fire Opal' (9 x)
5 Segge Ziergras, *Carex testacea* (3 x)
6 Violette Königskerze, *Verbascum phoeniceum* (6 x)
7 Bart-Iris, *Iris* (Germanica-Gruppe) 'Tom Johnson' (8 x)
8 Salie, *Salvia nemorosa* 'Viola Klose' (8 x)
9 Lupine, *Lupinus* 'Masterpiece' (3 x)
10 Zierlauch, *Allium schubertii* (6 x)

Entwurf: Cleve West
Abmessung: 2,5 x 2,5 Meter

PFLANZENTABELLE

In diese Tabelle wurden alle Pflanzen aufgenommen, die in den vorhergehenden Kapiteln genannt wurden. Sie wurden in alphabetischer Reihenfolge ihren lateinischen Namen nach geordnet. Erwähnt werden nacheinander je Spalte: der wissenschaftliche Name, der deutsche Name, Blütezeit nach Monaten (z. B. 7 = Juli), Farbe, Höhe in Zentimetern, Lichtbedürfnis, Typ, die Anzahl benötigter Pflanzen pro Quadratmeter und Besonderheiten. Graugrün und grauviolett sind Blattfarben, Purpurrot wird auch häufig Rosa genannt. Die verwendeten Symbole haben die folgende Bedeutung:

Lichtbedarf
- ○ = Volle Sonne
- ◐ = Halbschatten
- ● = Schatten

Typ
- ◎ = Staude
- ⚇ = zweijährige Pflanze
- ⊙ = einjährige Pflanze
- ⊚ = Zwiebelgewächs
- ⊕ = Knollengewächs
- ⊛ = Strauch
- ◉ = Baum

Wissenschaftliche Name	deutscher Name	Blütezeit	Farbe	Höhe in cm	Lichtbedürfnisse	Typ	Anzahl pro m²	Besonderheiten
Acanthus mollis	Weiche Bärenklaue	6-8	violett	75-100	○	◎	3	dekoratives Blatt
Achillea-hybriden	Schafgarbe	6-9	diverse	50-100	○	◎	5-7	gute Schnittblume
Achillea millefolium	Schafgarbe	6-8	weiß	50-75	○	◎	7	viele verschiedene Sorten
Achillea ptarmica	Sumpf-Schafgarbe	7-8	weiß	50-75	○	◎	5	braucht Unterstützung
Aconitum carmichaelii	Herbsteisenhut	8-9	violettblau	75-100	○	◎	9	Giftpflanze
Aconitum lamarckii	Hahnenfußblättriger Eisenhut	6-8	grüngelb	50-75	○	◎	9	braucht Unterstützung
Actaea simplex 'Atropurpurea'	Christophskraut	7-9	weiß	bis 2 m	◐	◎	3-5	dunkles, grauviolettes Blatt
Agapanthus africanus	Schmucklilie	7-8	violettblau	75-100	○	◎	3	Kübelpflanze, 'Albus' ist weiß
Agastache 'Blue Fortune'	Blaue Bergminze	7-8	violettblau	75-100	○	◎	7	Bienenpflanze
Ageratum houstonianum	Leberbalsam	6-8	violettblau	10-75	○	⊙	7-11	sowohl niedrige als auch hohe Sorten
Alcea rosea	Stockrose	7-9	diverse	bis 3 m	○	⚇	5-7	für gut durchlässigen Boden
Alchemilla mollis	Frauenmantel	6-8	grüngelb	25-50	○	◎	7	schönes Blatt, nach erster Blüte zurückschneiden
Allium aflatunense	Blumenlauch	5-6	violett	75-100	○	⊚	12-16	fruchtbarer Boden,'Purple Sensation' ist sehr dunkelviolett
Allium atropurpureum	Granat-Kugellauch	6-7	grauviolett	50-75	○	⊚	12-16	fruchtbarer Boden
Allium christophii	Stern-Kugellauch	6-7	hellviolett	25-50	○	⊚	9-11	nach Blüte noch lange schön
Allium schoenophrasum	Schnittlauch	6-7	violett	25-50	○-◐	◎	7-9	Küchenkraut
Allium schubertii	Zierlauch	5-6	hell rotviolett	25-50	○	⊚	6-7	die Länge der Blütenstiele variiert
Allium sphaerocephalon	Kugelköpfiger Lauch	6-7	rotviolett	50-75	○	⊚	12-16	fruchtbarer Boden
Allium 'Globemaster'	Riesen-Zierlauch	5-6	violett	75-100	○	⊚	9-12	fruchtbarer Boden
Alonsoa meridionalis	Maskenbume	7-9	reines Rot	50-75	○	⊙	9-11	Langblüher
Alstroemeria aurea 'Orange King'	Inkalilie	7-8	orange	100-130	○	◎	5-7	gute Schnittblume, frostempfindlich
Amaranthus caudatus	Garten-Fuchsschwanz	7-10	rotviolett	75-100	○	⊙	5-7	hängende Blüten
Amaranthus hypochondriacus	Trauer-Fuchsschwanz	7-10	dunkelrot	75-100	○	⊙	5-7	aufrechte Blüten, dunkles Blatt
Ammi majus	Große Knorpelmöhre	6-10	weiß	50-75	○	⊙	9-11	feiner Doldenblütler
Ammi visnaga	Bischofskraut	7-9	weiß	75-100	○	⊙	7-9	feiner Doldenblütler
Amsonia orientalis	Orientalischer Blaustern	6-8	blau	25-50	○	◎	7	graugrünes Blatt
Anaphalis triplinervis	Sommerschnee	7-9	weiß	25-50	○	◎	5-7	graugrünes Blatt, auch Trockenblume
Anchusa azurea	Große Ochsenzunge	6-9	blau	75-100	○	◎	5-7	häufig zweijährig gezüchtet
Anemone x *hybrida*	Herbstanemone	8-10	weiß oder rotviolett	75-125	○	◎	5	blüht auch gut im Halbschatten
Anethum graveolens var. *hortorum*	Gartendill	7-8	gelb	75-100	○	⊙	7-9	auch Küchenkraut
Angelica gigas	Rote Engelwurz	6-9	grauviolett	100-130	○	◎	3	Bienenpflanze
Anthemis x *hybrida* 'E.C. Buxton'	Färberkamille	7-9	gelb	50-75	○	◎	5	recht armer Boden
Anthemis tinctoria	Färberkamille	7-9	gelb	50-75	○	◎	5	geeignet für Blumenwiese
Anthriscus sylvestris 'Ravenswing'	Wiesenkerbel	5-7	weiß	50-75	○	◎	5	dunkles Blatt
Antirrhinum majus	Großes Löwenmaul	6-8	diverse	25-50	○	⊙	9-11	viele verschiedene Sorten
Aquilegia-hybriden	Akelei	5-6	diverse	50-75	○	◎	9	häufig zweifarbige Blumen
Aquilegia alpina	Alpen-Akelei	5-5	violettblau	25-50	○	◎	9	geeignet für den Rabattenrand
Aquilegia vulgaris	Gemeine Akelei	5-6	violettblau	50-75	○	◎	9	schönes Blatt, sät sich aus
Argemone grandiflora	Großblütiger Stachelmohn	7-9	weiß	50-75	○	⊙	7-9	graugrünes Blatt, große Blüten
Argyranthemum frutescens	Strauchmargerite	5-10	weiß	25-50	○	⊛	5-7	graugrünes Blatt, nicht winterhart
Artemisia ludoviciana 'Valerie Finnis'	Silberraute	7-9	braungelb	75-100	○	◎	3-5	graugrünes Blatt, Mitte Juni zurückschneiden
Artemisia pontica	Römischer Wermut	7-9	braungelb	75-100	○	◎	3-5	gut drainierter Boden
Artemisia abrotanum	Eberraute	7-9	grüngelb	50-75	○	◎	2	schönes, fein aromatisches Blatt, regelmäßig zurückschneiden
Artemisia arborescens 'Powis Castle'	Silberwermut	7-9	gelb	50-75	○	◎	3-5	trockener Platz im Winter, bedingt winterhart
Aruncus dioicus 'Glasnevin'	Wald-Geißbart	6-7	weiß	130-160	○	◎	3	dekoratives Blatt, kräftige Pflanze
Aruncus 'Horatio'	Geißbart	4-5	weiß	150-180	◐	◎	3	verblüht gelb
Asarum europaeum	Gewöhnliche Haselwurz	3-4	grün	10-15	◐-●	◎	12-15	dunkelgrün schimmerndes, rundes Blatt

Wissenschaftliche Name	deutscher Name	Blütezeit	Farbe	Höhe in cm	Lichtbe-dürfnisse	Typ	Anzahl pro m²	Besonderheiten
Asperula orientalis	Blauer Waldmeister	6-7	violettblau	10-25	○	⊙	7-9	schön als Bodendecker
Aster Dumosus-Gruppe	Herbstaster	9-10	diverse	25-50	○	◎	7	viele verschiedene Sorten
Aster x frikartii 'Mönch'	Sommeraster	8-10	violettblau	50-75	○	◎	7	recht große Blüten
Aster novi-belgii 'Lisette'	Glattblattaster	9-10	rotviolett	50-75	○	◎	7	kräftige Herbstaster
Aster 'Little Carlow'	Herbstaster	9-10	blau	75-100	○	◎	5-7	feine strahlenförmige Blüten
Astrantia major	Große Sterndolde	6-8	rotviolett	50-75	○	◎	7	auch für feuchten Boden
Astrantia maxima	Riesen-Sterndolde	6-8	rotviolett	50-75	○	◎	7	auch als Trockenblume
Atriplex hortensis	Gartenmelde	7-9	grauviolett	75-100	○	⊙	7-9	grauviolettes Blatt, beschützt setzen
Aubrieta-hybriden	Blaukissen	4-5	blau-violett	5-10	○	◎	9-11	trockener Boden
Ballota pseudodictamnus	Schwarznessel	7-8	weiß	50-75	○	◎	5-7	graugrünes Blatt, beschützt setzen
Bellis perennis	Gänseblümchen	4-6	weiß/rosarot	5-15	○	◎ ⊙⊙	9-11	zweijährig gezüchtet
Berberis thunbergii 'Pink Glow'	Thunberg-Berberitze	5-6	hellgelb	bis 2 m	○	⊛	1	rotviolettes Blatt
Bergenia 'Morgenröte'	Bergenie	4-5	rosarot	25-50	○	◎	5	großes wintergrünes Blatt
Bidens ferulifolia	Goldmarie	7-10	gelb	25-30	○	⊙	9-11	für den Rabattenrand
Bouteloua gracilis	Moskitogras	7-9	braun	25-50	○	◎	7	mäßig winterhart
Brassica oleracea	Gemüsekohl	8-9	gelb	50-75	○	◎ ⊙	4	'Redbor' hat grauviolettes Blatt
Briza maxima	Großes Zittergras	5-8	braun	25-50	○	⊙	12-15	Ziergras, auch Trockenblume
Brunnera macrophylla	Kaukasus-Vergissmeinnicht	4-5	blau	25-50	◐	◎	5-7	auch Sorten mit blaubuntem Blatt
Buddleja davidii	Schmetterlingsflieder	7-9	diverse	bis 3 m	○	⊛	1	im Frühling zurückschneiden
Buxus sempervirens	Buchsbaum	4-5	gelbgrün	bis 2 m	○-◐	⊛	1	für Formschnitt, wintergründ
Calamagrostis x *acutiflora* 'Karl Foerster'	Garten-Reitgras	7-8	hellbraun	125-150	○	◎	3	Ziergras, schmale bräunliche Rispen, die sich strohgelb verfärben
Calamintha nepeta ssp. *nepeta*	Steinquendel	7-9	hellviolett	15-25	○	◎	7-9	aromatisches Blatt, Bienenpflanze
Calendula officinalis	Ringelblume	6-10	orange	25-50	○	⊙	9	auch gelbe und hellorange Sorten
Callicarpa bodinieri var. *giraldii*	Chinesische Schönfrucht	6-7	rosaviolett	bis 2 m	○	⊛	1-2	violette Früchte
Camassia cusickii	Prärielilie	5-6	violettblau	50-75	○	⊚	5-7	bei Frost abdecken
Camassia leichtlinii 'Alba'	Weiße Prärielilie	5-6	weiß	50-75	○	⊚	5-7	bei Frost abdecken, kann auf feuchte Stellen
Campanula alliariifolia	Glockenblume	6-7	weiß	25-50	○	◎	5-7	liegende Stängel
Campanula lactiflora 'Prichard's Variety'	Dolden-Glockenblume	6-8	dunkel-violettblau	50-75	○	◎	7	kräftige Sorte für die Rabatte
Campanula latifolia	Breitblättrige Glockenblume	6-7	violettblau	75-100	◐	◎	5-7	große Glocken, gut für Halbschatten
Campanula persicifolia	Glockenblume	6-7	violett	50-75	○	◎	7	niedriger Blattwuchs
Canna Indica-Gruppe	Indisches Blumenrohr	7-10	diverse	50-160	○	⊕	5	großes Blatt, nicht winterhart
Carex caryophyllea	Schopf-Segge	5-6	braun	15-25	○	◎	3-5	feines Ziergras
Carex flagellifera	Peitschentragende Segge	6-7	braun	40-60	○	◎	3-5	schmales braunes Blatt
Carex testacea	Ziegelrote Segge	6-7	braun	40-60	○	◎	3-5	schönes orangefarbenes Blatt
Caryopteris x *clandonensis*	Bartblume	8-9	violett	75-100	○	⊛	1-2	im Frühling zurückschneiden
Catalpa bignonioides	Trompetenbaum	6-7	weiß	bis 10 m	○	⊛		großes herzförmiges Blatt
Ceanothus-hybriden	Amerikanischer Flieder	7-9	violettblau	bis 1,5 m	○	⊛	1	im Frühling zurückschneiden
Centaurea montana	Berg-Flockenblume	5-6	violettblau	25-50	○	◎	5-7	nicht zu nass
Centranthus ruber	Rote Spornblume	5-7	hellrot	50-75	○	◎	5	durchlässiger, kalkreicher Boden
Cephalaria gigantea	Riesen-Schuppenkopf	6-8	hellgelb	200-250	○	◎	3	sehr hohe Rabattenpflanze
Cerastium tomentosum	Filziges Hornkraut	5-6	weiß	10-15	○	◎	5-7	Bodendecker, graugrünes Blatt
Cerinthe major	Große Wachsblume	6-7	violett	50-75	○	⊙	7-9	auffallende blaue Deckblätter
Chelone obliqua	Rote Schildblume	8-10	rotviolett	75-125	◐	◎	7	gute Schattenpflanze
Choisya ternata	Orangenblume	5-6	weiß	bis 3m	○	⊛	1	wintergrün, geschützt setzen
Chrysanthemum coronarium	Speisechrysantheme	7-9	gelb	25-50	○	⊙	5-7	häufig halbgefüllte Blüte
Cladanthus arabicus	Arabische Astblume	7-10	gelb	25-50	○	⊙	5	nadelförmiges Blatt, liegende Stängel
Clematis-hybriden	Waldrebe	7-9	diverse	bis 3 m	○	⊛	1	großblütige Kletterpflanze, viele Sorten
Clematis durandii	Stauden-Waldrebe	6-9	violettblau	bis 150	○	⊛	1-2	an Hecken oder Kletterelementen wachsen lassen
Clematis (Jackmanii-Gruppe) 'Perle d'Azur'	Waldrebe	7-9	hell violettblau	bis 400	○	⊛	1	gut mit anderen Kletterpflanzen kombinierbar
Clematis macropetala 'Markham's Pink'	Waldrebe	4-6	helles rotviolett	bis 400	○	⊛	1-2	stark wachsend
Clematis viticella 'Etoile Violette'	Waldrebe	6-9	violett	bis 3 m	○	⊛	1	kleine Blüten
Cleome spinosa	Spinnenblume	7-10	diverse	100-125	○	⊙	5-7	Langblüher, gestachelte Stängel
Consolida ajacis	Rittersporn	6-8	diverse	75-100	○	⊙	7-9	weiß, rotviolett oder violett, auch Trockenblume
Cordyline australis	Keulenlilie	7-8	weiß	75-100	○	⊛	1-3	langes, schmales Blatt,Kübelpflanze
Coreopsis 'Limerock Ruby'	Mädchenauge	7-9	dunkelrot	50-75	○	⊙	7-9	feines Blatt
Coreopsis tinctoria	Mädchenauge	7-9	gelb	50-75	○	⊙	7-9	feines Blatt
Coreopsis verticillata	Mädchenauge	6-9	gelborange	25-50	○	◎	7-9	durchlässiger Boden
Cosmos atrosanguineus	Schokoladen-Kosmee	8-9	grauviolett	50-75	○	◎	7	mäßig winterhart
Cosmos bipinnatus	Schmuckkörbchen	7-10	weiß oder rotviolett	75-175	○	⊙	3-5	Langblüher, feines Blatt
Cosmos sulphureus	Schmuckkörbchen	7-10	orange	75-100	○	⊙	3-5	gute Bodendecker
Cotinus coggygria	Perückenstrauch	6-7	grauviolett	bis 3 m	○	⊛	1	'Royal Purple' hat grauviolettes Blatt
Crambe cordifolia	Riesen-Schleierkraut	6	weiß	100-150	○	◎	1	fruchtbarer, kalkreicher Grund
Crambe maritima	Echter Meerkohl	6-7	weiß	50-75	○	◎	1-3	blaugrünes Blatt

Wissenschaftliche Name	deutscher Name	Blütezeit	Farbe	Höhe in cm	Lichtbedürfnisse	Typ	Anzahl pro m^2	Besonderheiten
Crocosmia x *crocosmiiflora* 'Lucifer'	Garten-Montbretie	7-9	rot	50-75	○	⊕	5-7	recht winterhart
Cynara cardunculus	Gemüseartischocke	8-9	violettblau	160-200	○	◎	1-2	großes, graugrünes Blatt, frostempfindlich
Cynoglossum amabile	Chinesische Hundszunge	7-9	blau	25-75	○	⚇ ⊙	7-9	raues Blatt, reiche und lange Blüte
Dahlia 'Bishop of Llandaff'	Dahlie	7-10	rein rot	50-75	○	⊕	5	grauviolettes Blatt, nicht winterhart
Dahlia 'Baby Royal'	Dahlie	8-10	rotviolett	50-75	○	⊕	5	einzeln geformte Blüten, nicht winterhart
Dahlia 'David Howard'	Dahlie	8-10	orange	50-75	○	⊕	5	dunkelblättrig, nicht winterhart
Dahlia 'Gerrie Hoek'	Dahlie	8-10	rotviolett	75-100	○	⊕	5	nicht winterhart
Dahlia 'Magenta Star'	Dahlie	8-10	rotviolett	50-75	○	⊕	5	dunkelblättrig, nicht winterhart
Dahlia 'Moonfire'	Dahlie	8-10	gelb	25-50	○	⊕	5	dunkelblättrig 'nicht winterhart
Dahlia 'Ragged Robin'	Dahlie	8-10	dunkelrot	75-100	○	⊕	5	kleine Blüte, nicht winterhart
Delphinium nudicaule	Zwergrittersporn	6-7	orangerot	40-60	○	◎	5-7	besondere Farbe, kurzlebig
Delphinium 'Blue Nile'	Rittersporn	6-8	blau	100-130	○	◎	5-7	fruchtbarer Boden
Delphinium 'Völkerfrieden'	Rittersporn	6-8	blau	130-160	○	◎	5-7	fruchtbarer Boden
Deschampsia cespitosa	Rasen-Schmiele	6-7	braun	75-125	○	◎	3-5	Ziergras, wintergrünes Blatt
Dianthus barbatus	Bartnelke	6-8	diverse	25-50	○	◎ ⚇	9	meist in farbigen Mischungen
Dianthus Plumarius-Gruppe	Nelken	5-6	diverse	10-15	○	◎	9-11	blaugrünes Blatt, trockener Boden
Diascia fetcaniensis	Elfensporn	6-9	rotviolett	15-25	○	◎	7-9	einjährig gezüchtet
Diascia integerrima	Elfensporn	6-9	rotviolett	15-25	○	◎	7-9	einjährig gezüchtet
Diascia 'Tangerine'	Elfensporn	6-9	orange	15-25	○	◎	7-9	einjährig gezüchtet
Dicentra formosa	Zwergherzblume	5-8	rotviolett	15-25	◐	◎	7-9	graugrünes Blatt, auch weiße Sorten
Dictamnus albus	Brennender Busch	6-7	rotviolett	75-100	○	◎	5	trockener, kalkreicher Boden
Didiscus caeruleus	Blaudolde/Hügelie	6-9	violettblau	25-50	○	⊙	5-7	gute Bodendecker
Digitalis grandiflora	Großblütiger Fingerhut	6-7	hellgelb	50-75	◐	◎ ⚇	7	glockenförmige Blüten mit schöner Zeichnung
Digitalis lutea	Gelber Fingerhut	6-8	grüngelb	75-100	◐	◎	7	kleine Blüten
Digitalis parviflora	Kleinblütiger Fingerhut	6-7	braunorange	50-75	○	◎	7	dicht besetzte Blütearme
Doronicum 'Harpur Crewe'	Gämswurz	5-7	gelb	25-50	◐	◎	7	sät sich aus
Digitalis purpurea	Roter Fingerhut	6-7	rotviolett	100-150	○	◎ ⚇	7	sät sich aus
Echinacea pallida	Prärie-Sonnenhut	7-9	rotviolett	75-100	○	◎	7	abhängende Blütenblätter
Echinacea purpurea	Roter Sonnenhut	7-9	rotviolett	50-75	○	◎	7	Schmetterlingspflanze, orangefarbenes Herz
Echinacea purpurea 'White Lustre'	Weißer Sonnenhut	7-9	weiß	50-75	○	◎	7	Schmetterlingspflanze, orangefarbenes Herz
Echinacea purpurea 'Magnus'	Roter Sonnenhut	7-9	rotviolett	50-75	○	◎	7	Schmetterlingspflanze, fast horizontale Blütenblätter
Echinops bannaticus	Kugeldistel	7-8	violettblau	100-130	○	◎	3-5	graugrünes Blatt, Bienenpflanze
Echium plantagineum	Wegerichblättriger Natternkopf	6-8	blau	25-50	○	⚇ ⊙	7-9	Blüten verblühen rotviolett
Epimedium x *versicolor* 'Sulphureum'	Elfenblume	4-5	hellgelb	15-25	◐	◎	7-9	Blatt mit orangefarbener Glut
Eremurus x *isabellinus*	Isabellen-Steppenkerze	6-7	diverse	bis 2 m	○	◎	5	gut drainierter Boden, frostempfindlich
Erigeron 'Quakeress'	Feinstrahlaster	6-8	helles rosarot	50-75	○	◎	5-7	asternartige Rabattenpflanze
Erigeron annuus	Feinstrahl/Berufkraut	7-9	weiß	75-100	○	⊙	5	sät sich aus
Eryngium bourgatii	Spanische Edeldistel	7-9	violettblau	25-50	○	◎	5	graugrün marmoriertes Blatt
Eryngium giganteum	Elfenbeindistel	7-8	graugrün	50-75	○	⚇	7	graugrünes Blatt, trockener Boden
Eryngium planum	Blaukappe/Blaue Edeldistel	7-8	violettblau	75-100	○	◎	5	blaue Blumenstängel, Bienenpflanze
Erysimum cheiri	Goldlack	4-6	diverse	25-50	○	⚇	5-7	duftend, viele Farben
Eschscholzia californica	Goldmohn	6-10	diverse	25-50	○	⊙	9-11	für trockenen, armen Boden
Eucomis bicolor	Schopflilie/Ananasblume	7-9	grün	25-50	○	⊜	5-7	nicht winterhart
Euonymus fortunei 'Emerald 'n Gold'	Kriechspindel		grün	bis 5 m	○	⊛	1	gelbbuntes Blatt, wintergrün
Eupatorium maculatum 'Atropurpureum'	Wasserdost	8-9	grauviolett	200-225	○-◐	◎	2	grauviolette Stängel, feuchter Boden
Euphorbia amygdaloides	Mandel-Wolfsmilch	4-5	grüngelb	50-75	○	◎	5	dunkles Blatt, bei 'Purpurea', wintergrün
Euphorbia characias	Palisaden-Wolfsmilch	4-6	grüngelb	100-130	○	◎	3	mäßig winterhart
Euphorbia cyparissias	Zypressen-Wolfsmilch	6-7	grüngelb	25-50	○	◎	5-7	feines, graugrünes Blatt
Euphorbia griffithii	Feuer-Wolfsmilch	5-6	gelb	100-125	○	◎	5-7	orangerote Schutzblätter
Euphorbia myrsinites	Walzen-Wolfsmilch	5-7	grün	10-25	○	◎	5	dicke blaugrüne Blätter
Euphorbia palustris	Sumpf-Wolfsmilch	5-7	grüngelb	75-100	○	◎	5	auch für feuchten Boden
Euphorbia pithyusa	Strand-Wolfsmilch	5-6	grüngelb	15-25	○	◎	7-9	gut drainierter Boden
Euphorbia polychroma	Gold-Wolfsmilch	5-6	grüngelb	25-50	○	◎	5-7	auch schönes Blatt
Fatsia japonica	Zimmeraralie	10	weißgelb	tot 400	○	⊛	1	mäßig winterhart, passt gut in exotische Gärten
Festuca glauca	Blauschwingel	5-6	braun	15-25	○	◎	9	blaugrünes Ziergras, trockener Boden
Filipendula rubra	Rosa Spierstaude/Mädesüss	7-8	hellrot	130-160	○	◎	5-7	'Venusta' ist eine schöne Züchtung, feuchter Boden
Foeniculum vulgare	Fenchel	7-8	gelb	130-160	○	◎	3	'Giant Bronze' hat dunkles Blatt
Fritillaria persica 'Adiyaman'	Persische Kaiserkrone	4-5	grauviolett	50-75	○	⊜	7-9	dunkel gefärbte Blüten
Fuchsia 'Riccartonii'	Winterharte Fuchsie	6-9	rot	75-125	○	⊛	1-2	im Frühling stark zurückschneiden
Galega x *hartlandii*	Geißraute	7-8	hellviolett	100-130	○	◎	1-2	stützen mit Reisigholz
Galega officinalis 'Alba'	Geißraute	7-8	weiß	100-130	○	◎	1-2	stützen mit Reisigholz
Galega orientalis	Kaukasische Geißraute	7-8	violett	100-130	○	◎	1-2	stützen mit Reisigholz
Gaura lindheimeri 'Whirling Butterflies'	Prachtkerze/Präriekerze	7-10	weiß, rotviolett	75-100	○	◎	5	gut durchlässiger Boden, mäßig winterhart

Wissenschaftliche Name	deutscher Name	Blütezeit	Farbe	Höhe in cm	Lichtbedürfnisse	Typ	Anzahl pro m²	Besonderheiten
Gazania-hybriden	Mittagsblume	6-8	diverse	15-25	○	⊙	7-9	farbiger Ring im Herzen
Geranium 'Philippe Vapelle'	Storchschnabel	6-7	violettblau	25-75	○	◎	7	filziges, graugrünes Blatt
Geranium clarkei	Storchschnabel	5-7	diverse	25-50	○	◎	7	fein geaderte Blüten
Geranium endressii	Pyrenäen-Storchschnabel	6-8	helles rotviolett	25-50	○	◎	7	Bodendecker
Geranium phaeum	Brauner Storchschnabel	5-6	dunkel rotviolett	50-75	◐	◎	5	großes geflecktes Blatt
Geranium pratense 'Plenum Violaceum'	Gefüllter Wiesenstorchschnabel	6-8	violett	50-75	○	◎	5-7	gefüllte Blüten
Geranium psilostemon	Schwarzäugiger Storchschnabel	6-7	rotviolett	50-75	○	◎	3-5	kräftige Pflanze
Geranium sanguineum	Blutroter Storchschnabel	5-8	rotviolett	15-25	○	◎	7	sonnig und trocken
Geranium tuberosum	Knolliger Storchschnabel	4-5	purpurrosa	25-50	○	◎	7	Blatt stirbt nach der Blüte ab
Geum 'Fire Opal'	Garten-Nelkenwurz	5-7	orange	25-50	○	◎	7	nicht zu trocken, regelmäßig teilen
Geum 'Prinses Juliana'	Nelkenwurz	5-7	orange	25-50	○	◎	7	nicht zu trocken, regelmäßig teilen
Gillenia trifoliata	Dreiblattspiere	6-7	weiß	50-75	○	◎	3-5	rote Blumenstängel
Gladiolus callianthus 'Murielae'	Abessinische Gladiole	7-8	weiß	50-75	○	⊕	9	frostempfindlich
Hakonechloa macra	Japan-Berggras	7-8	grüngelb	25-50	○	◎	3	Ziergras, orange Herbstfarbe
Hebe 'Kirkii'	Strauchveronika	6-8	weiß	25-50	○-◐	⊛	1	wintergrün, mäßig winterhart
Hebe pinguifolia	Strauchveronika	7-8	weiß	25-50	○	⊛	3	wintergrün
Helenium-hybriden	Sonnenbraut	7-9	diverse	100-130	○	◎	7	gelbe, orange oder rote Blüten
Helianthemum-hybriden	Sonnenröschen	5-7	diverse	15-25	○	⊛	7	bei strengem Frost abdecken
Helianthus annuus	Gewöhnliche Sonnenblume	7-9	diverse	bis 4 m	○	⊙	3-5	großes Herz mit Samen
Helianthus debilis	Kleine Sonnenblume	7-9	gelb	100-150	○	⊙	3	verzweigte Stängel
Helichrysum italicum	Currykraut/Strohblume	7-8	gelb	25-50	○	◎	5	aromatisches, graugrünes Blatt, frostempfindlich
Helichrysum petiolare	Silberblatt/Strohblume	8-9	grüngelb	15-25	○	⊛	5	graugrünes Blatt, einjährig gezüchtet
Helichrysum 'Schwefellicht'	Turkestan-Strohblume	7-9	hellgelb	25-50	○	◎	7	graugrünes Blatt
Heliopsis helianthoides	Sonnenauge	7-9	gelb	100-130	○	◎	5	auch mit gefüllten Blüten
Heliotropium arborescens	Vanilleblume/Sonnenwende	6-10	violett	25-50	○	⊙	7-9	duftend, Schmetterlingspflanze
Helleborus argutifolius	Korsische Nieswurz	3-4	grün	25-50	◐	◎	7	schön marmoriertes und gezahntes Blatt
Helleborus foetidus	Stinkende Nieswurz	12-3	grün	25-50	◐	◎	7	schönes wintergrünes Blatt
Helleborus orientalis	Orientalische Nieswurz	3-4	diverse	25-50	◐	◎	7	häufig gesprenkelte Blüten
Hemerocallis-hybriden	Taglilie	6-8	diverse	50-75	○	◎	3-5	nicht zu trocken
Hemerocallis citrina	Zitronen-Taglilie	6-7	hellgelb	50-75	○	◎	3-5	duftend
Hesperis matronalis	Nachtviole	5-7	violett	75-100	○	⚇	5	duftende Schmetterlingspflanze
Heuchera micrantha	Rotes Purpurglöckchen	6-7	weiß	25-50	○	◎	7	'Palace Purple' hat grauviolettes Blatt
Hibiscus syriacus	Straucheibisch	8-9	violettblau	bis 3 m	○	⊛	1	beschützt und sonnig setzen
Hosta 'August Moon'	Funkie	7-8	hellviolett	50-75	○-◐	◎	5	großes, grüngelbes Blatt
Hosta 'Halcyon'	Funkie	7-8	hellviolett	25-50	○-◐	◎	5	graues, lanzenförmiges Blatt
Hydrangea arborescens 'Annabelle'	Ballhortensie	7-8	weiß	bis 2 m	○	⊛	1	im Frühjahr zurückschneiden
Hydrangea macrophylla	Bauernhortensie	7-8	diverse	bis 2 m	○	⊛	1	evl. Nach Blüte leicht zurückschneiden
Hypericum 'Hidcote'	Johanniskraut	7-9	gelb	bis 1,5 m	○	⊛	1	bis 1,5 m geschützt setzen, wintergrün
Imperata cylindrica 'Red Baron'	Japanisches Blutgras	5-6	rot	25-50	○-◐	◎	7-9	schönes grauviolettes bis rot gefärbtes Blatt
Ipomoea indica	Prunkwinde	7-9	purpurviolett	bis 5 m	○	⚇	2	Kletterpflanze
Iris Germanica-Gruppe	Deutsche Schwertlilie	6-6	diverse	50-75	○	⊕	7	trockener, durchlässiger Boden
Iris sibirica	Sibirische Schwertlilie	5-6	violettblau	75-100	○	◎	7	normaler Boden, leicht feucht
Kalimeris incisa	Schönaster	6-9	weiß	75-100	○	◎	5	kleinwüchsige Blüten
Kirengeshoma palmata	Wachsglocke	8-10	gelb	50-75	◐-●	◎	1	schönes Blatt, glockenförmige Blüten
Knautia macedonica	Mazedonische Weißwenblume	7-9	purpurrot	50-75	○	◎	5	dunkle Blütenfarbe
Kniphofia-hybriden	Fackellilie	7-9	diverse	50-75	○	◎	5	gelbe oder orange Blüten
Lantana Camara-Gruppe	Wandelröschen	5-10	diverse	15-25	○	⊙	7-9	häufig zweifarbige Blüten
Lathyrus odoratus	Duftwicke/Prunkerbse	6-9	diverse	bis 3 m	○	⊙	3-5	duftend, Kletterpflanze
Lavandula angustifolia 'Munstead'	Echter Lavendel	6-7	violett	25-50	○	⊛	5-7	graugrünes, aromatisches Blatt
Lavatera-hybriden	Buschmalve	7-9	weiß/purpurrot	160-200	○	⊛	1-3	im Frühling schneiden
Leucanthemum (Superbum-Gruppe) 'Wirral Pride'	Margerite	6-8	weiß	75-100	○	◎	3	durchlässiger, kalkreicher Boden
Levisticum officinale	Liebstöckel	6-7	grünweiß	75-100	◐	◎	1	Küchenkraut, im Frühling teilen
Liatris spicata	Prachtscharte	6-9	purpurviolett	50-75	○-◐	◎	7-9	blüht ährenförmig, Schmetterlingspflanze
Ligularia dentata	Japanischer Goldkolben	8-9	gelborange	100-130	○	◎	3	großes Blatt, Unterseite purpurgrau
Lilium-hybriden	Asiatische Lilien	7-8	diverse	75-100	○	⊕	9-11	geeignet als Schnittblume, frostempfindlich
Linaria purpurea	Purpur-Leinkraut	5-9	purpurviolett	75-100	○	◎	7	Blatt bleibt grün bis tief in den Winter
Liriope muscari	Lilientraube	8-9	violett	25-50	◐	◎	7-9	schmales, wintergrünes Blatt
Lobelia fulgens 'Queen Victoria'	Stauden-Lobelie	8-9	rein rot	100-130	○	◎	7	Blatt und Stängel dunkel graurot, recht feuchter Boden
Lobelia x *gerardii*	Prachtlobelie	7-8	diverse	100-130	○	◎	7	'Vedrariensis' ist violettblau
Lonicera periclymenum	Waldgeißblatt	6-8	gelb	bis 4 m	○	⊛	1	duftend, Kletterpflanze
Lunaria annua	Einj. Silberblatt/Judaspfennig	5-6	purpurviolett	75-100	○	⚇ ◎	5	dekorative Früchte
Lupinus 'Royal Thundercloud'	Lupine	6-7	dunkel purpurviolett	75-100	○	◎	3-5	fruchtbarer, saurer Boden
Lychnis chalcedonica	Brennende Liebe	6-7	rein rot	100-130	○	◎	5-7	durchlässiger Gartenboden

Wissenschaftliche Name	deutscher Name	Blütezeit	Farbe	Höhe in cm	Lichtbedürfnisse	Typ	Anzahl pro m²	Besonderheiten
Lychnis coronaria 'Alba'	Weiße Lichtnelke/Vexiernelke	7-8	weiß	50-75	○	⊜	5-7	graugrünes Blatt, durchlässiger Gartenboden
Lychnis viscaria	Pechnelke	5-6	purpurrot	25-50	○	◎	5	'Plena' hat gefüllte Blüten
Lycopersicon 'Gardener's Delight'	Cherrytomate	5-6	weiß	25-50	○	⊙	1	sehr produktiv
Lysimachia ciliata	Rotblättriger Gilbweiderich	7-8	gelb	50-75	○	◎	5-7	'Firecracker' hat purpurgraues Blatt
Lythrum salicaria	Blutweiderich	6-8	purpurrot	75-150	○	◎	5	auch für feuchten Boden
Malva moschata 'Rosea'	Moschusmalve	6-8	hell purpur	50-75	○	◎	5	auch schönes Blatt
Marrubium velutinum	Griechischer Andorn	7-8	cremeweiß	25-50	○	◎	5	mäßig winterhart
Meconopsis cambrica	Wald-Scheinmohn	6-10	gelb	25-50	○	⊜	5-7	sät sich aus
Melissa officinalis	Zitronenmelisse	6-8	grünweiß	50-75	○	◎	2	sät sich aus, Zitronenduft
Mentha x *piperita*	Pfefferminze	6-7	violett	50-75	○-◐	◎	3-5	wuchert
Milium effusum	Wald-Flattergras	4-6	grüngelb	50-75	◐	◎	5	grüngelbes Ziergras
Mimulus-hybriden	Gauklerblume	6-8	diverse	25-50	○	⊜ ⊙	7-9	feuchter, humusreicher Boden
Miscanthus sinensis 'Roter Pfeil'	Chinaschilf	9-10	purpurgrau	130-160	○	◎	1-2	verfärbt sich im Herbst rot
Molinia arundinacea	Rohr-Pfeifengras	8-10	braun	130-160	○	◎	3	Ziergras, luftiger Wuchs
Molinia caerulea	Blaues Pfeifengras	8-10	braun	75-100	○	◎	3-5	Ziergras, luftiger Wuchs
Monarda-hybriden	Indianernessel	7-9	diverse	75-100	○	◎	7	aromatisches Blatt
Myosotis-hybriden	Vergissmeinnicht	5-7	diverse	15-25	○	⊜	9-11	sät sich leicht aus
Narcissus-hybriden	Narzisse	3-4	weiß/gelb	15-40	○	⊚	15-20	viele verschiedene Sorten
Nepeta (Faassenii-Gruppe) 'Walker's Low'	Katzenminze	7-9	violettblau	25-50	○	◎	7	aromatisches, graugrünes Blatt
Nepeta govaniana	Gelbe Katzenminze	7-9	hellgelb	75-100	○	◎	7	kleine Blüte, dünne Wuchsform
Nepeta grandiflora	Großblütige Katzenminze	6-8	violettblau	50-70	○	◎	7	'Bramdean' ist dunkel-violettblau
Nepeta sibirica	Sibirische Katzenminze	7-8	violettblau	75-100	○	◎	7	kann wuchern
Nicotiana langsdorffii	Ziertabak	7-10	grüngelb	50-75	○	⊙	9	mit blauen Staubblättern
Nicotiana x *sanderae*	Ziertabak	6-10	diverse	50-75	○	⊙	9-11	blüht lange
Olearia x *haastii*	Mageritenbaum	7-8	weiß	2 bis 3 m	○	⊛	1	mäßig winterhart, beschützt setzen
Origanum laevigatum	Oregano/Blumendost	8-10	purpur	25-50	○	◎	7-9	trockener, kalkreicher Boden
Origanum vulgare	Oregano/Echter Dost	7-9	purpurrot	25-50	○	◎	7-9	trockener, kalkreicher Boden
Orlaya grandiflora	Strahldolde	6-8	weiß	50-75	○	⊙	7-9	Doldenblütler
Oxalis vulcanicola	Sauerklee	6-9	gelb	10-15	○	◎	9	nicht winterhart
Paeonia Lactiflora-Gruppe	Edelpfingstrose	6-6	diverse	50-75	○	◎	3-5	mag kein Umpflanzen
Paeonia suffruticosa	Strauch-Pfingstrose	5-6	diverse	bis 1,5 m	○	⊛	1	beschützt setzen, große Blüten
Panicum virgatum	Rutenhirse	8-10	braun	100-130	○	◎	3-5	Ziergras, nährstoffreicher Boden
Papaver orientale	Türkischer Mohn	5-6	diverse	50-75	○	◎	5	Blatt stirbt im Sommer ab
Papaver rhoeas	Klatschmohn	5-7	rein rot	50-75	○	⊙	9-11	sät sich aus
Papaver somniferum 'Rose Paeony'	Schlafmohn	6-8	hell purpurrot	75-100	○	⊙	9	dekorative Samenkapseln
Pennisetum alopecuroides	Lampenputzergras	9-10	braun	75-100	○	◎	1	'Hameln' blüht reicher und früher
Pennisetum setaceum 'Rubrum'	Federborstengras	8-10	graupurpur	50-75	○	◎	3	einjährig gezüchtet
Pennisetum villosum	Federborstengras	7-10	grünweiß	75-100	○	◎	1	nicht winterhart
Penstemon-hybriden	Bartfaden	7-9	diverse	25-75	○	◎	7	einjährig gezüchtet
Perilla frutescens var. *crispa*	Schwarznessel	9-10	weiß	75-100	○	⊙	5-7	grauviolett, gekräuseltes Blatt
Perovskia atriplicifolia 'Blue Spire'	Blauraute/Silberbusch	8-9	violettblau	50-75	○	⊛	3-5	im Frühjahr stark zurückschneiden
Persicaria amplexicaulis 'Speciosa'	Knöterich	7-9	rot	100-130	○	◎	3	Blatt hat schöne Herbstfarbe
Persicaria bistorta	Schlangen-Knöterich	5-7	hellrot	50-75	○-◐	◎	5-7	kann wuchern, feuchter Boden
Petroselinum crispum	Petersilie	7-9	grün	25-50	◐	⊜	7-9	Küchenkraut
Petunia-hybriden	Petunie	6-9	diverse	25-50	○	⊙	7	wind- und regenempfindlich
Phlomis russeliana	Gelbes Brandkraut	6-7	hellgelb	75-100	○	◎	3-5	auch nach Blüte dekorativ
Phlox divaricata	Wald-Phlox	5-6	violett	25-50	○	◎	9-11	nicht zu trocken setzen
Phlox Paniculata-Gruppe	Sommer-Phlox	7-8	diverse	130-160	○	◎	5-7	viele verschiedene Sorten
Physostegia virginiana	Gelenkblume	7-9	hellpurpur	75-100	○	◎	7	reichblühende Rabattenpflanze
Potentilla-hybriden	Fingerkraut	6-8	diverse	25-50	○	◎	7	gut drainierter Boden
Potentilla fruticosa	Fünffingerstrauch	5-8	diverse	25-125	○	⊛	1-3	auch geeignet als Hecke
Prunella x *webbiana*	Großblumige Braunelle	6-8	purpur	15-25	○	◎	7-9	Bodendecker, Bienenpflanze
Prunus cistena	Zwerg-Blutpflaume	5-6	hell purpurrot	bis 2 m	○	⊛	1	graurot gefärbtes Blatt
Pulmonaria angustifolia	Schmalblättriges Lungenkraut	3-4	violettblau	15-25	◐	◎	9	Bodendecker, Schattenpflanze
Ricinus communis	Wunderbaum	8-9	graupurpur	bis 2 m	○	⊛	1-2	giftig, einjährig gezüchtet
Rodgersia pinnata	Fiederblättriges Schaublatt	6-7	hellrot	75-100	◐	◎	3	dekoratives Blatt
Rosa 'Dance du Feu'	Kletterrose	6-9	rot	bis 2,5 m	○	⊛	1	dauerblühende Kletterrose
Rosa 'Della Balfour'	Großblumige Kletterrose	6-10	orange	bis 2,5 m	○	⊛	1	duftend
Rosa 'Paul's Scarlet'	Großblumige Kletterrose	6-8	dunkelrot	bis 3 m	○	⊛	1	verträgt Schatten
Rosa 'Penny Lane'	Kletterrose	6-9	hell purpurrot	bis 3 m	○	⊛	1	dauerblühende Kletterrose
Rosa 'Pink Perpétue'	Kletterrose	6-9	purpurrot	bis 3 m	○	⊛	1	dauerblühende Kletterrose
Rosa 'Raymond Chenault'	Kletterrose	6-9	rot	bis 3 m	○	⊛	1	dauerblühende Kletterrose
Rosa 'Tojo'	Büschelrose	6-10	rein rot	75-100	○	⊛	3	eine der besten rein roten Büschelrosen

Wissenschaftliche Name	deutscher Name	Blütezeit	Farbe	Höhe in cm	Lichtbedürfnisse	Typ	Anzahl pro m²	Besonderheiten
Rosa 'Zwergkönigin'	Zwergrose	6-10	rein rot	tot 50	○	⊛	3-5	kompakter Wuchs
Rosmarinus officinalis	Rosmarin	5-6	violettblau	75-100	○	⊛	3-5	aromatisches Blatt, Küchenkraut
Rudbeckia hirta 'Prairie Sun'	Sonnenhut	7-9	gelb	75-100	○	⊙	7	prima Schnittblume
Rudbeckia maxima	Sonnenhut	8-9	gelborange	130-160	○	◎	5	großes, blaugrünes Blatt
Salvia coccinea	Roter Salbei	6-10	rein rot	50-75	○	⊙	7	buschige Pflanze, Langblüher
Salvia lavandulifolia	Lavendelblättriger Salbei	6-8	violett	50-75	○	⊙	7-9	aromatisch, schmales Blatt
Salvia nemorosa 'Viola Klose'	Steppen-Salbei	6-8	violettblau	50-75	○	◎	7	buschige Pflanze, nach Blüte zurückschneiden
Salvia nemorosa 'Caradonna'	Gartensalbei	6-8	violettblau	100-125	○	◎	7	dunkle Schutzblätter und Blumenstiele
Salvia officinalis	Echter Salbei	6-7	violett	25-50	○	◎	7	trockener, kalkreicher Boden
Salvia verticillata	Quirlblütiger Salbei	6-9	violett	50-75	○	◎	5-7	sät sich aus
Salvia viridis	Scharlach-Salbei	6-9	weiß	25-50	○	⊙	7-9	gefärbte Schutzblätter
Sanguisorba tenuifolia 'Alba'	Weißer Wiesenknopf	6-8	weiß	160-200	○	◎	3-5	überhängende Ähren
Santolina chamaecyparissus	Heiligenkraut	7-8	gelborange	25-50	○	⊛	5-7	graugrünes Blatt
Scabiosa caucasica	Kaukasus-Skabiose	7-9	violettblau	50-75	○	◎	5-7	gute Schnittblume, Schmetterlingspflanze
Scabiosa atropurpurea 'Ace of Spades'	Samt-Skabiose	7-9	purpurgrau	50-75	○	⊙	5-7	blüht sehr lange
Scutellaria incana	Herbst-Helmkraut	8-9	violettblau	50-75	○	◎	7	graugrünes Blatt
Sedum 'Herbstfreude'	Hohe Fetthenne	8-9	purpurrot	50-75	○	◎	7	verblüht braun, Schmetterlingspflanze
Sedum 'Matrona'	Hohe Fetthenne	8-9	purpurgrau	50-75	○	◎	7	dunkles, purpurgrau gefärbtes Blatt
Sedum 'Mohrchen'	Fetthenne	8-10	graupurpur	50-75	○	◎	7	dunkel gefärbte Stängel
Sedum 'Purple Emperor'	Fetthenne	8-9	dunkelrot	50-75	○	◎	7	eine der dunkelsten Fetthennen
Selinum tenuifolium	Wiesenkerbel	7-9	weiß	75-100	○	◎	5	feiner Doldenblütler
Senecio cineraria	Weißfilziges Greiskraut	6-7	gelb	25-50	○	⊙	7-9	schönes graugrünes Blatt
Sidalcea 'Oberon'	Präriemalve	7-9	purpurrot	75-100	○	◎	7	zweite Blüte im Herbst
Sisyrinchium striatum	Binsenlilie	6-7	hellgelb	50-75	○	◎	7	für gut drainierten Boden
Solidago-hybriden	Goldrute	8-9	gelb	50-75	○	◎	7-9	kann wuchern
Sorghastrum nutans 'Indian Steel'	Goldbartgras	7-10	orangebraun	150-200	○-◐	◎	3	blaugrünes Blatt
Stachys byzantina	Wollziest/Eselsohr	7-9	rotpurpur	25-50	○	◎	7	graugrünes Blatt, trockener Boden
Stachys grandiflora	Großblumiger Ziest	7-8	lila	25-50	○	◎	7	reicher Blüher
Stachys monieri 'Hummelo'	Zottiger Ziest	6-7	lila	75-90	○	◎	7	zieht viele Insekten an, schöne Wintersilhouette
Stipa brachytricha	Diamantgras	8-10	braun	75-100	○	◎	1	Ziergras, lose Wuchsart
Stipa gigantea	Riesen-Federgras	7-8	braun	160-200	○	◎	2-3	Ziergras, Blatt bleibt niedrig
Stipa tenuissima	Federgras/Frauenhaargras	7-9	braun	25-50	○-◐	◎	7-9	feines Ziergras, sät sich aus
Tagetes Patula-Gruppe	Studentenblume	5-10	diverse	25-50	○	⊙	7-9	häufig dunkle Flecken auf Blütenblättern
Tagetes tenuifolia	Studentenblume	5-10	diverse	25-50	○	⊙	7-9	kleine, einzelne Blüten
Telekia speciosa	Telekie	6-8	gelb	175-200	○	◎	2-3	sät sich aus
Tellima grandiflora	Falsche Alraunenwurzel	5-6	grün/weiß	15-25	◐	◎	7	Bodendecker
Thalictrum aquilegifolium	Akeleiblättrige Wiesenraute	5-7	lila	75-100	○	◎	5-7	schönes Blatt mit Früchten
Thalictrum flavum ssp. *glaucum*	Gelbe Wiesenraute	6-7	hellgelb	160-200	○	◎	3-5	blaugrünes Blatt
Thymus serpyllum	Sand-Thymian	7-9	lila	2-5	○	◎	5-7	duftender Bodendecker
Thymus vulgaris	Echter Thymian	6-9	lila	15-25	○	⊛	5-7	Küchenkraut, duftend, mäßig winterhart
Tradescantia (Andersoniana-Gruppe) 'Leonora'	Dreimasterblume	6-9	violett	50-75	◐	◎	5	am besten feuchter Boden
Trifolium incarnatum	Rosen-Klee	5-7	rot	25-50	○-◐	⊙	9	große, dunkelrote Blüten
Trollius europaeus	Trollblume	5-6	gelb	50-75	○	◎	7	kugelrunde Blüte
Tropaeolum majus	Kapuzinerkresse	7-10	divers	20-30	○	⊙	5	Kletterpflanze, es gibt auch niedrig bleibende Sorten
Tropaeolum 'Tip Top Apricot'	Kapuzinerkresse	6-10	orange	20-30	○	⊙	5	niedrig bleibende Sorte
Tulipa 'Attila'	Triumph-Tulpe	5	lila	25-50	○	⊚	20-25	gute Schnittblume
Tulipa 'Maytime'	Lilienblütige Tulpe	5	lila	25-50	○	⊚	15-20	spätblühende Tulpe
Tulipa 'Shirley'	Triumph-Tulpe	4-5	weiß/lila	50-75	○	⊚	15-20	verfärbt sich von weiß nach lila
Tulipa 'Spring Green'	Viridiflora-Tulpe	4-5	weiß	25-50	○	⊚	15-20	grün gefiederte Blüten
Tulipa 'Topkapi'	Triumph-Tulpe	4-5	rosa	25-50	○	⊚	15-20	starke Tulpe
Verbascum 'Gainsborough'	Königskerze	6-8	hellgelb	75-100	○	⚇	5	gut durchlässiger Boden
Verbascum bombyciferum	Königskerze	6-8	gelb	130-160	○	⚇	5	großes, graufilziges Blatt
Verbascum chaixii	Königskerze	7-8	gelb	100-130	○	◎	5	'Album' ist weiß
Verbascum phoeniceum	Königskerze	5-6	rotviolett	100-130	○	◎	5	recht trockener Boden
Verbena-hybriden	Eisenkraut	6-10	diverse	15-25	○	⊙	9-11	stark verästelt, blüht lange
Verbena bonariensis	Eisenkraut	7-10	violett	130-160	○	◎	7	mäßig winterhart, Schmetterlingspflanze
Veronicastrum virginicum	Riesen-Ehrenpreis	7-8	violettblau	125-175	○	◎	5	auch in Weiß und hellem Violettrot
Viburnum plicatum	Japanischer Schneeball	5-6	weiß	bis 3 m	○	⊛	1	horizontale Verästelung
Viola Cornuta-Gruppe	Hornveilchen	6-8	diverse	15-25	○	◎	9-11	kleine Blüte, viele Farben erhältlich
Viola Weißtrockiana-Gruppe	Garten-Hornveilchen	1-7	diverse	15-25	○	⚇	9-11	bekannte Beetpflanze, meist zweifarbig
Yucca filamentosa	Fädige Palmlilie	8-9	weiß	100-130	○	◎	3	trockener, kalkreicher Boden
Zinnia elegans	Zinnie	6-9	diverse	25-50	○	⊙	7-9	fruchtbarer Boden, nicht zu trocken

REGISTER

NACHWEIS DER ABGEBILDETEN GÄRTEN

S. 12: Entwurf: Heikie Hoeksma, Lage: Harkema. www.heikiehoeksma.nl

S. 16-21: Entwurf: Del Buono Gazerwitz. Lage: RHS Chelsea Flower Show

S. 22-27: Entwurf: McKelvey Wise Garden Design. Lage: RHS Chelsea Flower Show

S. 28-33: Lage: Bramdean House, Alresford (Großbritannien). www.bramdeanhouse.com

S. 34-39: Entwurf: Lee Belgrau. Lage: RHS Tatton Park Flower Show

S. 40-45: Lage: The Gardens of the Rose, Chiswell Green, St. Albans (Großbritannien). www.rnrs.org

S. 46-51: Entwurf: Tom Stuart-Smith. Lage: RHS Chelsea Flower Show

S. 52-57: Entwurf und Lage: Heikie Hoeksma, Harkema. www.heikiehoeksma.nl

S. 58-63: Entwurf: Ton ter Linden. www.ateliertonterlinden.nl

S. 64-69: Entwurf: Fleur van Zonneveld en Eric Spruit. Lage: Triënnale Apeldoorn. www.dekleineplantage.nl

S. 70-75: Entwurf: Chris Ghyselen. Lage: Fam. Crom. www.chrisghyselen.be

S. 76-81: Entwurf und Lage: De Kleine Plantage. www.dekleineplantage.nl

S. 82-87: Entwurf: Marcus Barnett + Philip Nixon. Lage: RHS Chelsea Flower Show

S. 88-93: Entwurf und Lage: Beth Catto Gardens. www.bethchatto.co.uk

S. 94-99: Entwurf: Rob Herwig

S. 100-104: Lage: Jardins Claude Monet, Giverny. www.giverny.org/gardens/jardins.htm

S. 106-111: Entwurf: Modeste Herwig. Lage: Fam. Jongsma-Lievaart. www.modesteherwig.eu

S. 112-117: Entwurf: Marylyn Abbott. Lage: West Green House. www.westgreenhousegardens.co.uk

S. 118-123: Entwurf: Philippa Probert. Lage: RHS Tatton Park Flower Show

S. 124-129: Entwurf: Modeste Herwig. www.modesteherwig.eu

S. 130-135: Entwurf: Cleve West. Lage: RHS Chelsea Flower Show